AF344035

ESSAI

SUR LA

COMPOSITION CHORALE

PAR

A. ELWART

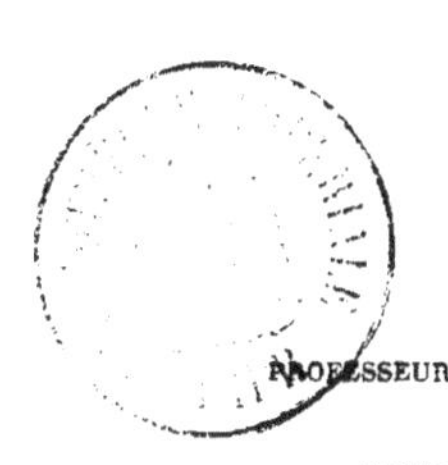

PROFESSEUR D'HARMONIE AU CONSERVATOIRE IMPÉRIAL DE MUSIQUE
ET DE DÉCLAMATION,
MEMBRE DE LA COMMISSION DE PATRONAGE DES ORPHÉONS
PRÈS LE MINISTÈRE DE L'INSTRUCTION PUBLIQUE.

PARIS

Chez LÉON ESCUDIER, ÉDITEUR DE MUSIQUE
21, RUE DE CHOISEUL, 21.
1867

A

MONSIEUR ABEL PAGÈS

E'l silentio amor suole
A ver prieghi e parole.

Aminta DEL TASSO, atto II,
nel choro, v. 34, 35.

PRÉFACE

L'extension prodigieuse que prend l'institution des orphéons libres en France, a fait surgir plusieurs compositeurs d'œuvres chorales; mais à côté de belles productions de ce genre, écrites de main de maître, de combien de pauvretés musicales le monde orphéonique n'est-il pas inondé? Chez les uns, c'est l'idée qui fait défaut; et chez la plupart des autres, c'est l'art d'écrire pour les voix qui est complétement ignoré. Car, il ne faut pas s'y tromper, un chœur destiné aux voix seules doit être conçu et écrit dans d'autres conditions qu'un morceau de même genre, accompagné par le piano ou par l'orchestre.

C'est donc pour venir en aide aux jeunes émules des maîtres contemporains de l'art choral, que nous avons rédigé cet *Essai;* mais afin que cet ouvrage fût, tout à la fois, spécial pour les compositeurs orphéoniques et utile aux artistes qui se proposent d'écrire des chœurs pour le sanctuaire ou pour le théâtre, nous avons envisagé la composition chorale sous ses différents aspects, et c'est le fruit d'une longue expérience dans l'enseignement et d'une pratique journalière que nous offrons à nos lecteurs (1).

A. ELWART.

Paris, le 18 décembre 1865.

(1) Le système éclectique de l'auteur de cet ouvrage lui a donné de grandes consolations pendant la longue carrière qu'il a parcourue dans le professorat; et il peut citer, avec un juste orgueil, les noms des élèves distingués qu'il a formés; élèves passés maîtres depuis longtemps dans les différentes spécialités de l'art qu'ils ont embrassées : Albert Grisar et Aimé Maillart (opéra-comique); Théodore Gouvy et Tingry (symphonie); Adolphe Blanc (musique de chambre); Verrimst Grillié (musique d'église); Paulus, Savary, Desnaux et Deplace (musique militaire); Laurent de Rillé, poëte et compositeur de chœurs orphéoniques populaires en France; Olivier Métra, le rival du Strauss viennois; Wekerlin, le savant compositeur archéologique; Alfred Mutel, l'élégant mélodiste, Edmond Hocmelle, l'organiste improvisateur; Emile Prudent, le pianiste-compositeur dont l'art militant déplore la perte récente; et dans la critique musicale : Georges Bousquet, ravi si jeune aux lettres et aux arts; Oscar Comettant, l'écrivain convaincu dont la plume a doté l'orphéon français de brillantes compositions, et la polémique de chaleureux articles; Victorin Joncières, l'auteur de *Sardanapale;* et enfin une foule d'autres virtuoses compositeurs qui tous s'honorent d'avoir été les disciples du trop modeste auteur d'un grand nombre d'ouvrages théoriques et d'imagination qui sauveront son nom de l'oubli.   (*Note de l'Éditeur.*)

ESSAI

SUR LA

COMPOSITION CHORALE.

CHAPITRE PREMIER

§ 1

DES CHŒURS EN GÉNÉRAL.

Les chœurs, tels que nous les connaissons, n'ont pas une
origine très-ancienne. Avant la création de l'opéra en Italie, les
maîtres belges, italiens, allemands et français écrivaient, à la
vérité, pour les voix seules ; mais leurs compositions étaient
d'un style bien différent de celui de notre temps de relâchement
musical.

Ces compositions étaient régies par une tonalité indécise qui
n'est plus la nôtre ; mais la science des maîtres renommés du
XVIe siècle était si profonde, l'art avec lequel ils savaient faire
mouvoir chacune des parties vocales pour produire, par leur
réunion, une espèce de parfum harmonique de la plus sublime
suavité, était tellement élevé, que, sans les entraînements du
rhythme, sans la splendeur lumineuse de la mélodie, sans aucuns

des moyens inspirés par la passion moderne , ces patriarches du style madrigalesque produisaient des effets dont le secret est perdu pour nous. Sous la plume d'un Orlando Lassus, d'un Goudimel, d'un Palestrina, d'un Josquin Després, d'un Dufaÿ, l'art d'écrire pour les voix seules atteignit son apogée. Mais la science de ces grands musiciens s'éclairait au flambeau de la Foi ; et, chose singulière, au moment où la réforme religieuse agitait tous les esprits, le calme le plus profond régnait dans les œuvres de ces hommes de génie.

La tonalité moderne, en substituant ses deux seuls modes aux huit tons du plain-chant, et en donnant naissance à la dissonnance, ouvrit un champ fertile à l'expression des passions ; et la mélodie, qui s'était réfugiée dans les airs populaires à chanter et à danser, envahit, en épurant ses formes, et le sanctuaire et le théâtre (1).

L'accompagnement instrumental, d'abord bien timide, bien peu sonore, et s'attachant après les parties vocales comme l'ombre après le corps, s'enhardit avec le temps, devint plus brillant, et ses empiétements furent si grands que, bientôt, la partie chorale devint accessoire, de principale qu'elle était ; et même dans beaucoup d'ouvrages dramatiques, elle descendit au rôle d'accompagnatrice de la mélodie instrumentale. Dans un paragraphe spécial, nous dirons dans quels cas un rôle secondaire peut être donné aux chœurs religieux et dramatiques.

Les chœurs sans accompagnement de notre époque n'ont pas l'allure grave et sévère que donnait le style madrigalesque aux compositions purement vocales des grands maîtres des écoles anciennes. Les auditeurs modernes, quel que soit le genre particulier d'une composition chorale, veulent y rencontrer de la

---

(1) La tonalité moderne, en apparence beaucoup moins riche que celle du plain-chant, permet l'emploi successif des deux modes majeur et mineur qui la formulent dans une même composition ; ce qui donne une très-grande variété d'effets harmoniques. De plus, le mode majeur pouvant s'assimiler tous les accords particuliers au mode mineur, crée, en quelque sorte, une *tonalité mixte* qui est d'une très-grande richesse ; faculté dont les huit tons du plain-chant sont privés, puisqu'ils ne peuvent être pratiqués à tour de rôle dans la même pièce liturgique.

mélodie, des rhythmes variés, des effets brillants, de la couleur, et, avant tout, une parfaite concordance entre le poëme lyrique et la musique inspirée par lui aux adeptes de cet art dont un poëte a dit avec tant de justesse :

> C'est lui qui met de blanches ailes
> A l'ange lyrique et touchant
> Qui, vers les voûtes éternelles,
> Du génie emporte le chant!

Cet *Essai* étant spécialement destiné à former des compositeurs orphéoniques, nous n'avons pu entrer dans de plus amples détails sur l'origine du genre choral. Ceux de nos lecteurs qui voudraient en connaître plus particulièrement l'histoire intéressante, pourront consulter avec fruit l'Introduction des *Chants de la vie*, cycle choral, de M. Georges Kastner, de l'Institut.

§ II

DES VOIX.

Quoique l'orphéon libre compte encore fort peu de sociétés dans lesquelles des femmes et des enfants mêlent leurs voix à celles des adolescents et des hommes faits, nous croyons utile d'éclairer nos lecteurs sur tous les genres de voix humaines (1).

Les voix sont de deux genres : féminines et masculines.

C'est le *timbre* qui distingue le genre d'une voix, et c'est l'*étendue* qui en limite le diapason.

Les voix féminines se divisent en deux espèces : voix d'enfants des deux sexes et voix de femmes adultes. On les range en trois classes.

______

(1) Outre l'Orphéon municipal du département de la Seine, où les jeunes filles et les jeunes garçons sont en grande majorité, Paris possède les sociétés Galin-Paris-Chevé et Amand Chevé. En Alsace, on remarque même une société chorale purement féminine.

Voici leur étendue dans les chœurs et dans le solo :

Les voix d'adolescents, de jeunes hommes et d'hommes faits, sont également de trois espèces. On les range en quatre classes : Voici leur étendue dans les chœurs et dans le solo :

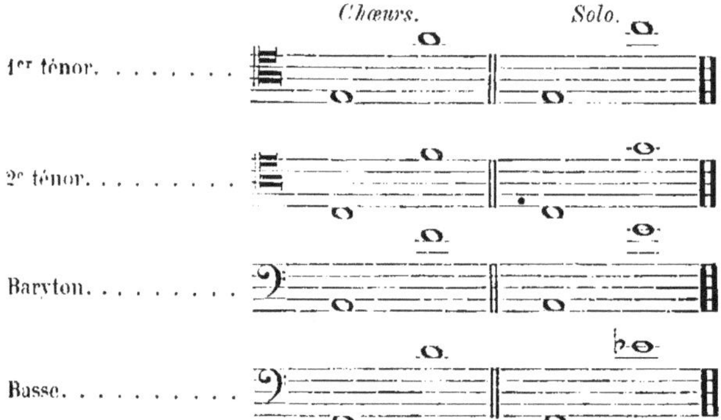

On divise souvent les basses en premières et secondes. Lorsque l'on n'écrit que pour trois voix d'hommes, on remplace le second ténor par le baryton, ce qui donne plus d'importance à la seconde partie que ne le pourrait faire le second ténor, dont la voix a moins d'accent que celle du baryton, à cause de son timbre mixte.

En général, on doit écrire dans une région moyenne la musique destinée aux voix d'enfants des deux sexes, parce que leur organe vocal n'est pas formé comme celui des femmes adultes. Les parties de seconds dessus et de contraltos qu'on destinerait aux enfants ne devront pas être écrites dans une région aussi grave que si elles devaient n'être chantées que par des femmes.

Dans la musique d'éducation, on écrit des morceaux pour deux, trois et même quatre voix d'enfants (1); mais il est rare qu'on écrive des chœurs d'hommes pour trois ténors ou trois basses. Cependant il pourrait se présenter des poëmes exigeant cette distribution insolite. Dans ce cas, on donne aux parties vocales secondaires un rôle analogue à celui des voix du trio normal qu'elles représentent; c'est-à-dire que le troisième ténor fait la basse des deux autres, mais on évite naturellement de lui donner des notes d'une gravité qu'il ne puisse atteindre.

On donne le nom de *quatuor vocal* à la réunion du premier soprano, du deuxième soprano (ou du contralto), du ténor et de la basse. En style orphéonique ou choral, le quatuor vocal est ordinairement formé par les deux ténors, le baryton ou la première basse, et la basse proprement dite. Dans les partitions de messes et d'opéras, on écrit les sopranos en clef d'*ut* première ligne, les contraltos en clef d'*ut* troisième ligne, et les ténors en clef d'*ut* quatrième ligne; mais, afin de venir en aide à la paresse des artistes et des amateurs, la clef de *sol*, deuxième ligne, s'emploie pour la notation de la musique destinée à ces voix si différentes les unes des autres. Il est presque inutile d'observer que les ténors chantant en clef de *sol*, exécutent naturellement la note écrite *une octave plus bas*. Enfin, la réunion des portées consacrées à la notation des parties vocales forme la *partition vocale*.

Les Allemands, afin de ménager les planches d'étain, écrivent sur deux portées la partition vocale : la portée d'en haut est consacrée aux deux ténors et celle d'en bas aux barytons et basses. Les queues des parties élevées sont tournées en l'air, et celles des parties graves le sont en bas. Lorsque des dessins compliqués l'exigent, on consacre une portée à chaque espèce de voix.

(1) En 1838, l'auteur de cet *Essai* a publié à Paris les *Heures de l'enfance*, contenant vingt et un morceaux à trois et quatre voix, et précédés d'un Petit traité de l'art de chanter en chœur, à l'usage des jeunes sujets des deux sexes.

Les chœurs doubles à huit parties séparées en deux chœurs à quatre voix, s'écrivent de la même manière que les chœurs ordinaires ou à quatre voix ; seulement le premier ténor du premier chœur peut-être écrit dans des régions beaucoup plus élevées que le premier ténor du second chœur.

Dans le dernier chapitre de cet *Essai,* on verra plusieurs exemples notés de cette disposition. De plus, lorsque l'on écrit ces sortes de chœurs, on doit donner souvent aux accords la position la plus large. Cependant, si l'on veut produire un effet sombre ou mystérieux, on doit rapprocher les voix en les écrivant toutes dans leurs cordes basses respectives.

Si un solo de ténor est accompagné par les autres voix, on peut, sans inconvénient, croiser les premiers ou second ténors avec le ténor solo. Si c'est un baryton ou une basse qui récite, le second ténor pourra croiser avec la voix seule, lorsque cette dernière atteindra les limites du diapason qui lui est naturel.

Un solo de soprano accompagné par les autres parties du quatuor vocal, pourra également être croisé par le premier ténor et même le second ; mais dans tous les cas, la partie d'accompagnement qui passe au-dessus de la partie récitante, ne doit pas articuler beaucoup de notes, mais faire de préférence des tenues, ou très-peu de notes d'une valeur de blanches ou de noires tout au plus.

Enfin, pour faciliter l'étude de certains passages difficiles, on agira sagement, en numérotant chacune des mesures qui forment la totalité d'un chœur. Ce procédé si simple a été employé, la première fois, en notation usuelle, par feu A. Vialon, qui l'avait emprunté à la *Musique en chiffres,* dont il fut pendant bien des années, l'ardent propagateur.

§ III

DE L'IMPORTANCE DU CHOIX DU MODE EN GÉNÉRAL ET DU TON EN PARTICULIER.

Le mode est en quelque sorte le sexe qui détermine l'espèce masculine ou féminine d'un morceau de musique, tandis que le ton en est le caractère sonore particulier. C'est donc avec la plus grande attention qu'un compositeur doit examiner quel mode et quel ton conviennent le mieux à l'expression et au genre du sujet qu'il se propose de traiter, n'importe pour quelles voix ou pour quels instruments réunis ou séparés.

Dans la Méthode d'harmonie de nos *Études élémentaires de la musique* (1), nous avons consacré quelques pages à cette partie intéressante de la composition, et nous allons les reproduire ici :

« Le mode majeur est plus sonore que le mineur; mais, si son expression est plus brillante, elle est aussi moins touchante et moins expressive que celle de celui-ci. Cependant, il est à remarquer que les grands compositeurs ont écrit leurs morceaux les plus passionnés dans le mode majeur. Observons que, dans ce cas, ils emploient un artifice qui double l'effet du mode majeur; cet artifice consiste à faire précéder ce mode de son synonyme mineur.

C'est ainsi que Meyerbeer a traité le sublime trio du 5ᵉ acte de *Robert le Diable :* « Mon fils, etc. » Le début de ce colossal morceau est en *si mineur*, et, quand l'effet dramatique est porté à son plus haut degré d'expression, le compositeur reproduit en *si ma-*

______

(1) Un volume in-8° de 711 pages. Paris, 1838, chez Tantenstein, rue Toullier, 8. Cet ouvrage contient, outre les *Connaissances préliminaires*, une *Méthode de chant* et une *Méthode d'harmonie*, dont tous les principaux exemples sont choisis dans les œuvres des grands maîtres de tous les temps et de toutes les écoles. Quoique publié sous les noms de MM. Damour, Burnet et A. Elwart, ce dernier en est le seul rédacteur à partir de la page 209. *(Note de l'éditeur.)*

jeur le motif principal; la tonique majeure vibre alors avec éclat; la terreur de *Robert*, le désespoir de *Bertram*, les angoisses d'*Alice* sont partagés par les auditeurs qui frémissent, se désespèrent et pleurent tour à tour : le plus beau mouvement musical moderne vient de se révéler à eux (1)!

Si le choix des modes est si important en général, le choix du ton ne l'est pas moins en particulier.

Ainsi le ton d'*ut* naturel majeur est fort et solennel; on l'emploie avec succès pour écrire les marches triomphales, les chœurs de prières, etc. (Lire le final de la symphonie en *ut* mineur de Beethoven, celui du premier acte du *Don Juan*, de Mozart, et enfin la marche du *Moïse* de Rossini.) Le ton d'*ut* mineur (avec trois bémols), est profond et d'une expression grandiose; celui 'd'*ut* dièse majeur (avec sept dièses) n'est jamais employé que comme modulation passagère; son expression est passionnée. Celui d'*ut* dièse mineur (avec quatre dièses) est d'un caractère voluptueux. Quant à celui d'*ut* bémol majeur (avec sept bémols), il ne s'emploie que passagèrement, et son expression est sourde et grave.

Nous allons faire l'examen du caractère de chaque ton, avec tous ses synonymes, en continuant de monter l'échelle ascendante et diatonique d'*ut* majeur.

Le ton de *ré* majeur (avec deux dièses à la clef), est gai et brillant; sur cent ouvertures d'opéras-comiques, quatre-vingt dix sont écrites dans ce ton. Celui de *ré* mineur (avec un bémol), est mélancolique et douloureux ; celui de *ré* bémol majeur (avec cinq bémols), est doux et sérieux. Le ton de *mi* majeur (avec quatre dièses), est éclatant et passionné : employé dans les mouvements lents, ils convient à l'expression affectueuse de la prière. Celui de *mi* mineur (avec un dièse), est naïf; celui de *mi* bémol majeur (avec trois bémols), est onctueux et passionné, mais moins que celui avec quatre dièses. Celui de *mi* bémol mineur (avec six bémols), est d'une tristesse profonde.

Le ton de *fa* majeur (avec un bémol), est éclatant et guerrier;

(1) Ceci a été écrit en 1836. Nous pourrons ajouter, comme exemple du même effet, sublime *miserere d'il Trovatore*, de M. G. Verdi.

celui de *fa* mineur (avec quatre bémols), est douloureux et déchirant; douloureux en prière, comme Pergolèse l'a traité dans son *Stabat*, et déchirant en symphonie, comme Vogel s'en est servi dans sa magnifique ouverture de *Démophon*, qui n'a qu'un défaut, celui de finir en *fa* majeur pour enchaîner la première scène de l'opéra (voir la partition) par un nouveau motif, qui, banal et commun, détruit l'unité mélodique. Le ton de *fa* dièse majeur (avec six dièses) s'emploie très-peu; son expression est âpre et mystérieuse. Celui de *fa* dièse mineur (avec trois dièses), est pathétique.

Le ton de *sol* majeur (avec un dièse), est pastoral et frais; c'est le ton des airs suisses par excellence (lire le *ranz des vaches* de l'ouverture de *Guillaume Tell*, de Rossini.) Le ton de *sol* mineur (avec un *si* bémol), est douloureux et très-véhément; celui de *sol* bémol majeur (avec six bémols), est sourd et de peu d'effet. Celui de *sol* dièse mineur (avec cinq dièses), est très-doux et d'une expression caressante.

Le ton de *la* majeur (avec trois dièses), est brillant et joyeux; celui de *la* mineur (relatif d'*ut* majeur, est très-langoureux; il n'exprime guère que les sentiments innocents de la vie champêtre. C'est dans ce ton que les airs délicieux de : *O ma tendre musette?* de Monsigny, et *Que ne suis-je la fougère!* de Pergolèse, sont écrits.

Un fait curieux pour l'harmoniste, c'est que jamais Haydn n'a employé le ton de *la* mineur comme ton principal d'un de ses nombreux morceaux, tant était forte son aversion pour lui (1).

Le ton de *la* bémol majeur (avec quatre bémols), est profond et solennel; il convient à l'expression de la prière calme et résignée. Celui de *la* bémol mineur (avec sept bémols), est sourd et ne s'emploie qu'en modulant (2).

---

(1) Pourtant, quelque temps avant sa mort, arrivée le 31 mai 1809, il commença son dernier et malheureusement inachevé quatuor, dans ce ton. Il vaut mieux tard que jamais.

(2) Cependant, Meyerbeer, dans son grand opéra *le Prophète*, a écrit l'air de Fidès du quatrième acte, dans ce ton peu usité.

Enfin, le ton de *si* bémol majeur (avec deux bémols), est léger et allègre; celui de *si* bémol mineur (avec cinq bémols), est très-expressif; celui de *si* naturel majeur (avec cinq dièses), est d'une expression grandiose, éclatante et sublime; celui de *si* mineur (avec deux dièses), est railleur et satanique (lire le chœur des démons du troisième acte de *Robert le Diable*, et la chansonnette *Sans chagrin pour l'avenir* de l'opéra de *Robin des Bois*, de C. M. de Weber.)

En général, le lecteur observera que les tons majeurs sont plus sonores que les mineurs; que ceux avec des bémols sont plus affectueux, plus doux que ceux avec des dièses, et que, par conséquent, les premiers conviennent mieux à l'expression des passions extrêmes; tandis que les seconds, par leur sonorité moins brillante, peuvent concourir avec plus d'effet à l'expression des sentiments qui touchent l'âme sans l'agiter, tels que ceux de la prière adressée à la divinité, la plainte de l'amant à sa maîtresse, ou l'hymne du voyageur pendant la nuit.

Mais l'art d'entremêler tous ces différents tons, afin de rendre tour à tour la mélodie éclatante et vaporeuse, dépend de l'organisation plus ou moins heureuse de l'artiste, et du travail réfléchi qu'il a su faire des procédés de la science; car, si la palette d'un Raphaël a eu des teintes pour imiter la couleur physique de tout ce qui se meut dans la nature, celle d'un Mozart n'a été ni moins riche ni moins brillante. Heureux le peintre harmoniste comme Raphaël! Heureux l'harmoniste peintre comme Mozart! »

CHAPITRE DEUXIÈME

§ 1

DES CHŒURS A VOIX ÉGALES ET A VOIX INÉGALES, DEPUIS DEUX JUSQU'A QUATRE PARTIES.

Ce n'est guère que pour les salles d'asile et les écoles communales primaires que l'on écrit des chœurs d'enfants à voix égales. Ces chœurs sont ordinairement sans accompagnement de piano ou d'orgue. On les écrit à une voix pour les tout petits enfants, à deux et à trois voix pour les plus grands. Lorsque l'on compose un chœur pour enfants, à deux parties, il ne faut pas donner à la seconde voix la forme rigoureusement grave de la basse véritable, mais l'écrire de façon à ce que les intervalles harmoniques de tierce et de sixte dominent dans toute l'œuvre. On agira de même à l'égard de la voix la plus grave d'un chœur d'enfants à trois et même à quatre parties.

Si ces sortes de chœurs sont accompagnés, on écrira la vraie basse pour la partie instrumentale, car il n'y a rien de plus désagréable à entendre qu'une voix d'enfant chantant la basse continue et souvent fondamentale d'une mélodie, fût-elle échappée à la plume d'un Mozart ou d'un Rossini.

Si le chœur est écrit pour deux ténors, ou, ce qui est fort rare, ainsi que nous l'avons observé plus haut, pour trois ténors, on évitera également de donner au second ténor dans le premier cas, et au troisième ténor dans le second cas, la forme scolastique de la vraie basse. Mais si le trio de voix d'hommes est écrit pour ténor, baryton et basse, ou premier ténor, second ténor et basse, cette dernière partie sera traitée d'après le style harmonique qui lui est propre. A quatre voix d'hommes, l'effet harmonique étant complet, la basse suivra naturellement la marche qui lui est tracée par l'art d'écrire. — Rappelons pour mémoire, que toute espèce de chœur privé de la voix de basse, mais accompagné, doit avoir son complément harmonique dans la partie grave instrumentale.

Un chœur complet à voix inégales doit être formé par le premier soprano, le deuxième soprano (ou le contralto), le ténor et la basse. C'est ainsi que Mozart et Cherubini, dans leurs compositions religieuses, ont réuni les voix. — L'orphéon libre, qui ne dispose encore que des seules voix d'hommes, forme ses chœurs, ainsi que nous l'avons dit précédemment, d'un premier ténor, d'un second ténor, d'un baryton (ou première basse), et de la basse proprement dite. Il arrive souvent que, dans le courant d'un grand chœur, on divise passagèrement l'une ou l'autre des quatre parties vocales qui le constituent; et même, dans la plupart des compositions religieuses de Le Sueur, notre maître trop oublié (1), ce compositeur si biblique, si profondément catholique tout à la fois, les sopranos, les ténors et quelquefois les basses sont divisés. Dans un grand local, cette disposition vocale double la sonorité et produit un effet très-imposant; mais, pour qu'il soit justifié, il faut que le personnel vocal soit nombreux. (Lire le *Credo* de la première messe solennelle de Le Sueur, son sublime *Oratorio* de Noël, et sa chevaleresque musique du sacre de Charles X.)

(1) Oublié, non-seulement par le comité de l'Association des musiciens lorsque, chaque année, il choisit la messe de sainte Cécile, mais oublié même parmi les noms d'artistes immortels qui constellent la plinthe des secondes loges de la grande salle restaurée du Conservatoire. Du reste, Gossec, qui, à l'époque où J. Haydn était à peine connu en Autriche, écrivit à Paris de véritables symphonies, et Catel, dont le *Traité* célèbre a appris l'harmonie aux Hérold et aux Halévy, n'y figurent pas davantage.

§ II

DU CHŒUR ORPHÉONIQUE A QUATRE VOIX D'HOMMES.

La plupart des chœurs si variés de style, d'effet et de valeur intrinsèque, qui font partie du répertoire orphéonique actuel, sont écrits à quatre voix d'hommes. Beaucoup d'auteurs de paroles écrivent quelques couplets et strophes d'une même césure, et contribuent à faire écrire des airs qui n'ont aucun rapport avec le vrai style choral. Si les orphéonistes français étaient généralement plus musiciens qu'ils ne le sont, les compositeurs pourraient varier au moins l'harmonie de ces éternels couplets. Des paroles ayant un refrain unique, comme *France* d'Ambroise Thomas (1), et qui offrent à chaque strophe une musique spéciale, sont bien préférables, parce qu'elles donnent carrière au génie du compositeur.

Rien ne rompt davantage la monotonie d'un chœur d'une longue durée, que le changement de tonalité et de mesure. Si le chœur a été presque constamment d'un mouvement modéré, il sera bien de le terminer vivement; si c'est le contraire qui a eu lieu, on produira beaucoup d'effet en terminant avec solennité. D'autres fois,

(1) Nous ne pouvons résister au plaisir de reproduire ici, à propos de cette belle inspiration, ce que nous en écrivions de Londres, en 1860, au rédacteur du journal *la Presse*, qui nous avait chargé du compte rendu des festivals orphéoniques qui eurent lieu au mois de juin :

« Après un chœur de Conradin Kreutzer, *le Jour du Seigneur*, on a chanté *France!*
« *France!* composé expressément par M. Ambroise Thomas, de l'Institut, pour le
« festival auquel nous assistions. Je ne saurais vous dire, Monsieur, combien j'ai été
« ému en entendant ces trois mille voix françaises, qui, haletantes, s'écriaient à la
« fin de chaque strophe : *France! France! Dieu protége la France!* J'ai vu dans nos
« rangs plus d'une larme couler, et moi-même, en vous écrivant ces lignes, je suis
« encore sous le coup d'une impression délicieuse. A peine la belle et grande mélodie
« de M. Ambroise Thomas était-elle terminée, que des hourras, des vivats, des cris
« partaient de tous les points de l'assemblée, auxquels les trois mille voix de l'es-
« trade répondaient, en cimentant dans un accord sublime l'union de deux grands
« peuples. » (*Presse* du 28 juin 1860.)

il sera très-poétique de faire précéder ou suivre, selon le cas, l'entrée ou la cessation des paroles chantées par une ritournelle vocale à bouche fermée (*bocca chiusa*, abr. B. C. ou B. F.).

Enfin, il est permis d'écrire la péroraison d'un chœur sans accompagnement et d'une grande dimension, dans les régions élevées des voix, parce que les chanteurs baissant naturellement, ils peuvent alors attaquer facilement certaines notes qui seraient inabordables si le chœur était accompagné; — le ton, dans ce cas étant scrupuleusement conservé d'un bout à l'autre d'une exécution chorale. C'est donc à tort que certains directeurs d'orphéons rejettent du répertoire de leurs sociétés, les chœurs dont la dernière partie n'a été écrite trop haut, que dans la prévision de l'abaissement naturel et progressif du ton donné par eux, dès le début du chœur lui-même.

§ III

DES CHŒURS SANS PAROLES.

Il y a peu de chœurs de ce genre dans le répertoire habituel des orphéonistes; cependant quelques compositeurs en ont écrit. Chélard a publié une *marche hongroise*, et feu Victor Lefebvre, notre élève, un air varié vocal d'un joli effet.

Dans le courant de la plupart des chœurs de grande dimension, on rencontre de semblables passages qui servent ou de ritournelle, ou de conclusion, ou de *mise en scène sonore* à certaines parties du chœur chanté. Ambroise Thomas, dans le *Tyrol* et le *Carnaval de Rome*, Gevaert dans *Madrid*, et plusieurs autres compositeurs ont fait un très-heureux emploi de la ritournelle chorale sans paroles. Mais cet effet, qui est rendu à *bocca chiusa*, ou en vocalisant simplement sur la voyelle *a*, doit être toujours motivé, et traité avec une grande pureté harmonique.

§ IV

DE L'UNISSON GÉNÉRAL ET PARTIEL.

L'unisson au même degré et surtout à l'octave, est d'une très-grande puissance dans le style choral. Un bel unisson de quelques mesures, suivi d'un accord largement échelonné, peut produire un très-grand effet dès le début d'un chœur. Cet unisson donne implicitement le ton aux chanteurs, tout en contribuant à rendre plus piquante l'entrée de l'harmonie.

Si par hasard vous voulez mettre en chœur une fable de La Fontaine, dont la morale soit contenue dans les premiers vers, comme la fable *Le loup et l'agneau*, par exemple, faites chanter *forte*, à l'unisson d'octave ou du même degré les deux vers :

> La raison du plus fort est toujours la meilleure ;
> Nous l'allons montrer tout à l'heure.

et l'entrée *pianissimo* de la masse harmonique sur ce vers : *Un agneau se désaltérait,* etc., produira un charmant effet de contraste (1). Dès qu'il y a communauté de sentiments chez les personnages que fait parler ou agir votre poëte, employez l'unisson, et vous serez dans le vrai. — Mais pour qu'un unisson soit digne de fixer l'attention des connaisseurs, il faut que sa forme mélodique ait de la grandeur ou de la grâce, suivant l'expression des paroles.

L'unisson partiel peut n'avoir qu'une seule note de durée ; témoins les *non* sublimes des démons refusant à Orphée de lui rendre Eurydice (2).

---

(1) Cette fable sera le sujet d'un plan musical détaillé, qui sera exposé dans le chapitre vi.

(2) Lire la partition de Gluck.

CHAPITRE TROISIÈME

DES CHŒURS A VOIX INÉGALES OU ÉGALES ACCOMPAGNÉS
PAR L'ORCHESTRE CIVIL OU MILITAIRE.

Lorsque l'on écrit un chœur à voix égales ou inégales avec accompagnement d'orchestre civil ou militaire, ou même avec leur réduction pour le piano, il faut moins concerter les voix que si l'on devait n'écrire ce genre de composition que pour elles seules. Dans ce cas, c'est la première partie vocale (soprano ou ténor) qui doit avoir le tour le plus mélodique. Dans les compositions scéniques, le chœur ne chante pas toujours le motif principal; il accompagne quelquefois syllabiquement le chant des instruments de l'orchestre, tel que M. Auber l'a pratiqué dans le chœur célèbre du *Marché* de la *Muette*, et Hérold, dans l'entrée des masques du *Pré aux clercs*.

Dans le style religieux, beaucoup de compositeurs agissent de même, surtout à l'égard de certains morceaux, tels que le *Gloria in excelsis* et le *Credo*, qui comportent de longs développements. Le *Te Deum* est dans ce cas, surtout si ce morceau, qui célèbre les événements glorieux d'un règne, doit être chanté par un chœur nombreux accompagné de l'orchestre civil ou militaire. Sous la plume d'un maître de chapelle homme de génie, la fugue elle-même, si décriée par les fruits secs de la science musicale, se revêt d'une forme toute nouvelle : tandis que les voix du chœur chantent un sujet noble et pathétique, l'avalanche des violons, altos et violoncelles exécute une contre-fugue d'un mouvement rapide, qui fait vibrer les voûtes du temple chrétien. C'est ainsi que l'immortel Cherubini a procédé en écrivant la fugue sublime qui termine le *Gloria in excelsis* de sa première messe en *fa*, à 3 voix.

Outre le *Cum sancto* du *Gloria in excelsis*, et l'*Et vitam venturi seculi* du *Credo*, que l'on traite ordinairement en *attacco* ou fugue très-raccourcie, ainsi que l'*Amen* final, qui souvent est seul fugué, on peut, en employant ce puissant artifice de la science musicale, écrire une fugue lente sur le *Qui tollis* du *Gloria*, et le *Crucifixus* du *Credo*. Rien n'est plus solennel et même plus touchant qu'une fugue de ce genre, surtout si, dans le milieu de la composition, un rayon plus mélodieux que le sujet de la fugue lui-même y vient jeter la lumière et la vie. Le Sueur, dans le *Suscipe* du *Gloria* de son Oratorio de Noël, a écrit une fugue d'un sentiment plein de mélancolie. Enfin, le *Sanctus* de la messe et le *Te Deum*, qui font voir pour les yeux de la foi les armées innombrables des archanges célestes, peuvent être également traités, en partie, dans le style fugué; mais alors le mouvement doit être plutôt animé que modéré.

Plusieurs régiments français qui possèdent des classes de chant orphéonique, ont quelquefois réuni ensemble et les soldats chanteurs et les musiciens du même corps. Mais cette excellente dualité musicale ne paraît pas être encore entrée dans les mœurs artistiques de l'armée.

L'effet sympathique produit par l'audition des chœurs est si généralement éprouvé, que, désirant utiliser la bonne volonté de nos camarades du pensionnat au Conservatoire, nous écrivîmes, en février 1830, l'ouverture de la *Bénédiction nuptiale*, au milieu de laquelle un chœur, caché derrière le théâtre de la petite salle de cet établissement, chanta *con sordini* une prière à 3 voix d'hommes. L'entrée des voix, qui avait lieu sur le retour du motif de la prière instrumentale, produisit un effet très-grand au Concert d'émulation du mois de mars de la même année. Au mois de novembre suivant, Zimmermann, qui avait dû entendre notre ouverture avec chœur, imita cet effet dans l'ouverture de son opéra comique *Emmeline*, 3 actes représentés à Feydeau. Enfin, en 1859, l'illustre Meyerbeer l'a employé dans l'ouverture du

Pardon de Ploërmel, et tout le monde a admiré le sentiment et la grâce qui distinguent la prière à la Vierge, dont le parfum harmonieux donne tant de prix à la symphonie si poétiquement traitée du grand maître

Enfin, lorsqu'un solo vocal est accompagné par l'orchestre, l'orgue ou le piano, on peut, pour donner plus d'intérêt au retour du motif principal ou à la péroraison, faire entrer syllabiquement un petit chœur *ad libitum*, précaution oratoire qui n'oblige pas à adjoindre forcément des voix à celle du solo ou des solistes, mais qui produit toujours une heureuse diversion. Dans le style concertant des voix accompagnées ou non, le chœur, obligé alors, peut remplir un rôle très-important en dialoguant avec la partie récitante.— Le motet *In media nocte* de la troisième messe de notre maître bien-aimé Le Sueur, offre, vers la dernière partie, une entrée du chœur qui est sublime.

CHAPITRE QUATRIÈME

§ I

DE L'HYMNE CHORAL.

DE LA CANTATE CHORALE AVEC SOLO. — DE LA GRANDE SCÈNE CHORALE.

DES CHANTS ARRANGÉS SUR DES AIRS POPULAIRES.

DE LA MOSAÏQUE CHORALE. — DU BOUQUET MUSICAL.

La coupe des paroles de l'*hymne choral* et de la *cantate* du même genre étant laissée au caprice et au sentiment des convenances du poëte, nous ne pouvons fixer l'attention de nos lecteurs que sur les morceaux existant antérieurement à la publication de cet *Essai*. — Quelquefois l'*hymne choral* a pour poëme une ode dont toutes les strophes sont d'une même coupe. Afin de rompre la monotonie que produirait l'audition répétée quatre ou cinq fois d'un même chœur, le compositeur peut traiter la première strophe en refrain et composer une musique nouvelle pour chacune des autres strophes, avec retour, après chacune d'elles, au chœur de début. Pour rompre également la monotonie du retour périodique de ce refrain, on pourra faire entendre un petit chœur à bouche fermée, si le sujet justifie l'emploi de cet artifice. Si les paroles sont d'une grande énergie, on devra les traiter en solo, en les faisant chanter par le premier ténor, tandis que les autres voix accompagneront, soit en vocalisant, soit en prononçant des paroles, ce qui est préférable pour les sujets dramatiques; si, enfin, deux peuples ou deux idées personnifiées sont en présence, on pourra diviser la masse chorale en deux chœurs : un petit et un grand, et leur réunion produira un bel effet.

Si le sujet choral prend de grandes proportions, s'il affecte la forme de l'oratorio, par exemple, on pourra faire usage du chœur traité instrumentalement, tandis qu'une voix chantera des récits, des airs, et que deux voix mêmes exécuteront un duo. Dans ce cas, l'accompagnement vocal, écrit à 3 ou à 4 parties, ne remplira plus que le rôle d'un orchestre humain. C'est ainsi que nous avons procédé en 1850, en écrivant *Ruth et Booz*, symphonie vocale sans instruments. Mais ces sortes de compositions exigent une exécution d'une perfection achevée.—Dans la même œuvre, nous avons écrit un ouragan à 8 parties séparées en 2 chœurs, et l'effet produit a dépassé nos espérances. Nous donnerons un fragment de ce morceau important à la fin du neuvième chapitre de cet ouvrage.

La *grande scène chorale*, de même que les chœurs d'une longue durée, n'est pas écrite dans un ton unique ; le compositeur est libre de moduler et d'enchaîner les différents morceaux d'une œuvre de ce genre comme bon lui semble : il suffit qu'il soit varié, clair, mélodiste sans bassesse, et harmoniste sans pédanterie, pour intéresser au plus haut point ses auditeurs. — Depuis que le concours d'excellence est devenu la conséquence naturelle des progrès des grands orphéons libres de la France, plusieurs compositeurs ont écrit de grandes scènes chorales avec solos, dont l'intérêt musical doit tout ce qu'il a d'attachant à l'art avec lequel les poëtes en ont enchaîné les différentes parties, en leur donnant presque la forme du grand opéra ou de l'opéra-comique. Dans le dernier chapitre de cet Essai, nous analyserons avec soin quelques grandes scènes chorales, ainsi que des chœurs à longs développements, écrits par l'élite des compositeurs contemporains des écoles allemande, belge et française.

Lorsque l'on veut écrire un chœur en se servant d'un air populaire, il faut donner à l'harmonie une variété intéressante chaque fois que le motif favori reparaît. La *Retraite*, de M. Laurent de Rillé, notre élève, devenu maître depuis longtemps, offre un gracieux exemple de ce genre de composition. Un autre de nos disciples, qu'un schisme de notation sépare de nous, sans altérer notre estime réciproque, M. Amand Chevé, a composé sur l'air de *Marlborough* un véritable petit chef-d'œuvre choral, ou plutôt une petite saynète petillante d'esprit tout gaulois.

La *mosaïque chorale* est un assemblage de motifs favoris d'un opéra célèbre, ou l'arrangement de plusieurs airs populaires à 3 ou 4 voix inégales ou égales. Si l'on ne fait pas entendre les paroles des motifs favoris d'opéra, on doit en faire écrire de nouvelles dans le caractère des morceaux eux-mêmes. — Quant au *bouquet musical*, c'est également la mise en œuvre d'airs connus, mais *parlants*, c'est-à-dire exprimant une des qualités morales ou physiques de la personne à laquelle on l'offre. Lors de la visite de la reine d'Angleterre à l'Exposition universelle de Paris, en 1855, nous eûmes occasion d'écrire pour S. M. Victoria un bouquet musical, dans lequel les trois airs : *C'est ici le séjour des grâces* (du *Calife* de Boieldieu), *Que de grâce! que de majesté!* (d'*Iphigénie en Aulide*, de Gluck), et le *God save the queen* national anglais, furent entendus séparément, et formèrent à la péroraison une espèce de bouquet musical, parce que ces trois motifs étant en mode majeur et à trois temps, il nous fut très-facile, au moyen des ressources du contre-point renversable à l'octave, de les faire entendre simultanément. Il va sans dire qu'ils étaient précédés et suivis d'effets purement harmoniques les reliant les uns aux autres.

§ II

DE LA MESSE CHORALE A UNE VOIX
AVEC ACCOMPAGNEMENT DE MUSIQUE MILITAIRE OU D'ORGUE
A DEUX, A TROIS ET A QUATRE VOIX,
AVEC OU SANS ACCOMPAGNEMENT.

Un des compositeurs les plus populaires chez les orphéonistes français, M. Laurent de Rillé, a composé une messe à l'unisson ou à une voix, avec accompagnement de musique militaire. C'est la seule œuvre traitée de cette manière que nous connaissions ; et M. Nicou-Choron, le gendre de l'artiste célèbre de ce nom, a écrit trois messes à une voix, avec accompagnement d'orgue obligé : la première pour soprano, la deuxième pour ténor, et la troisième pour basse. Mais d'autres compositeurs en ont écrit, soit à 2 voix de sopranos, soit à 2 voix de ténors. D'autres aussi, et c'est le plus grand nombre, en ont écrit à 3 et surtout à 4 voix, avec accompagnement obligé et avec accompagnement *ad libitum*. MM. Dietsch, Nicou-Choron, Gounod, Colin d'Ingrande, Ch. Manry, Frédéric Viret, F. Bazin, Verrimst, Grillié, ont chacun écrit des messes de ce genre, et nous-même nous en avons déjà publié trois, à quinze ans de distance. — Afin d'obtenir plus d'effet, on divise parfois les voix d'hommes en deux groupes : le premier chante les paroles du texte sacré, et le second accompagne à bouche fermée. Dans les moments pathétiques et les plus religieux de la messe, tels que l'*Incarnatus est* du *Credo*, l'*O Salutaris* et même l'*Agnus*, on écrit pour une seule voix, que toutes les autres accompagnent (1). On peut également traiter en duo, soit le *Christe* du *Kyrie*, soit le *Gratias agimus* ou le *Qui tollis* du *Gloria*

(1) Dans le cas où l'accompagnement d'orgue *ad libitum* serait pourtant employé, les compositeurs feront bien d'indiquer par une note, mise au bas de la partition, que les voix doivent compter des pauses pendant toute la durée du solo vocal.

in excelsis. Toutes ces dispositions vocales dépendent de la volonté ou plutôt de l'inspiration du compositeur. Cependant nous conseillons aux jeunes émules des maîtres de l'art choral religieux, d'ajouter toujours un accompagnement d'orgue *ad libitum* à leurs messes pour voix seules. Sans nuire à l'effet choral, un accompagnement donne et soutient le ton, évite souvent de ces déroutes vocales qui font le désespoir des compositeurs, déshonorent une société chorale et affligent péniblement les fidèles qui en sont témoins.

Enfin, on peut aussi indiquer des entrées de 1er, 2e, 3e et même 4e soprano, à l'usage des Sociétés *chorales et mixtes,* c'est-à-dire ayant parmi elles des voix d'enfants ou de femmes. Nous avons suivi ce système dans nos deux dernières messes orphéoniques.

Nous ne donnons pas ici de détails sur la coupe des morceaux qui constituent l'office du matin et celui du soir de l'Eglise catholique. Les modèles de ce genre ne manquent pas aux élèves; ceux d'ailleurs qui seraient curieux de lire un livre écrit sur ce sujet par Le Sueur en 1787, lorsqu'il était maître de chapelle, à vingt-cinq ans, de l'église métropolitaine de Paris, le trouveront, sous ce titre, à la bibliothèque du Conservatoire : *Exposé d'une musique une, imitative, et particulière à chaque solennité*, où l'on donne les principes généraux sur lesquels on l'établit, et le plan d'une musique propre à la fête de Noël (Paris, veuve Hérissant, 1787, in-8°).

Mais ce que nous devons conseiller aux jeunes compositeurs de musique religieuse chorale et autre, c'est le respect pour la prosodie latine et française. Ceux qui ne savent pas le latin doivent s'adresser, non pas à un latiniste à la Cicéron, mais à un ecclésiastique, en le priant de leur scander tous les mots du texte liturgique qu'ils se proposent de mettre en musique (1). Quant à

(1) Les jeunes compositeurs qui n'ont pas la faculté de pouvoir s'éclairer des conseils d'un ecclésiastique, pourront consulter le *Paroissien noté en musique*, à l'usage du clergé, par F. Kœnig, Paris, Adr. Le Clère et Cie, 1854. Dans cet ouvrage excellent et très-complet, l'auteur a mis le plain-chant en notation musicale usuelle, et les lecteurs musiciens y distingueront avec facilité les longues, les brèves et les douteuses par le nombre ou la forme des notes. Une ronde y figure une syllabe dou-

la prosodie française, elle est malheureusement trop souvent vio-
lée par des compositeurs nos compatriotes; et c'est une honte
pour notre amour-propre national que de la voir si respectée par
des étrangers. MM. Spontini, Carafa, Rossini, Donizetti et Verdi
n'ont aucune faute de ce genre à se reprocher dans les œuvres
qu'ils ont écrites en collaboration avec nos auteurs français les
plus renommés. Nous voudrions pouvoir adresser le même éloge
à beaucoup de nos compositeurs nationaux, mais leur conscience
d'artiste le repousserait avec raison.

CHAPITRE CINQUIÈME

DE L'ACCOMPAGNEMENT A BOUCHE FERMÉE, ET DES DIFFÉRENTS EFFETS
IMITATIFS EMPRUNTÉS AU STYLE INSTRUMENTAL.

La vocalisation par les chœurs n'est pas chose nouvelle; Rodolphe Kreutzer, dans l'apothéose de la *Mort d'Abel*, opéra en trois
actes, représenté à l'Académie impériale de musique en 1810,
l'employa pour la première fois au théâtre. C'était naturellement
sur la voyelle *a* que les archanges vocalisaient, et l'effet mystérieux
produit par ces sons séraphiques était d'une poésie ravissante.

La *bocca chiusa* (ou bouche fermée), dont nous avons parlé som-
mairement déjà, est une invention qui a pris naissance en Allemagne. Son introduction dans les chœurs français, due à M. Limnander, compositeur belge, a fait jeter feu et flamme aux vieux
musiciens orthodoxes, à la tête desquels Adrien de la Fage se
signalait par une indignation digne d'une cause plus sérieuse.
Employé avec ménagement, cet effet vocal n'a rien que de très-
agréable, et même il jette une teinte mystérieuse sur la mélodie

teuse, deux ou trois rondes soudées ensemble, une syllabe longue, et un simple
point noir, une syllabe brève.

qu'il accompagne. C'est dans l'acte du vaisseau de son opéra-comique d'*Haydée* (1847) que, pour la première fois au théâtre, M. Auber a fait accompagner à bouche fermée une de ses plus délicieuses inspirations mélodiques.

Maintenant les compositeurs orphéoniques les plus aimés et les plus populaires, vont beaucoup plus loin ; ils font imiter le tintement des cloches, les *pizzicati* de la harpe, du violon, du violoncelle et de la guitare. L'arpége de six notes (la basse frappant les temps forts de la mesure) n'effraie pas nos chanteurs orphéonistes. Si dans *Madrid*, de M. A. Gevaert, ils jouent des castagnettes et pincent de la mandoline, dans le *Carnaval de Rome*, de M. Ambroise Thomas, il sont de véritables *pifferari* nasillant du hautbois alpestre et de la cornemuse des Abbruzzes. Dans le *Tyrol*, du même compositeur, les rafales du vent des montagnes sont imitées à s'y méprendre, et s'il nous était permis de nous citer après ces maîtres, nous rappellerions que dans la symphonie vocale de *Ruth et Booz*, le poëte Eugène Villemin nous a fourni l'occasion souvent renouvelée, d'imiter, par le seul secours des voix, et les bruits mystérieux de la brise d'Orient, et la grande voix du tonnerre du Mont-Carmel. — Déjà on avait imaginé en Allemagne d'arranger pour les voix seules la magnifique ouverture de la *Flûte enchantée*, de Mozart. Notre collaborateur nous a fait oser davantage ; il a, sur le canevas mélodique de l'ouverture du *Freischütz*, écrit la légende de *Robin des bois*, le chasseur noir, et nous, sans changer ni le ton, ni la forme adoptés par l'immortel Weber, nous avons arrangé à huit voix l'une de ses plus belles pages symphoniques. M. Alphonse Thys, notre condisciple, a agi de même avec l'*andante* admirable de la symphonie en *la* de Beethoven. Certains puristes ont gémi de ce qu'ils appellent des profanations ; ils n'ont pas compris qu'en agissant ainsi nous n'avions qu'un but, celui de faire pénétrer dans les masses populaires orphéoniques le goût des belles œuvres, que la position de la plupart d'entre eux ne leur permet pas d'entendre, faute de pouvoir *payer en entrant le droit de les applaudir* dans nos dispendieux théâtres lyriques.

Il va sans dire que le système imitatif des effets si variés et de la nature et des procédés de l'art instrumental rendus par les voix humaines, ne doit pas être mis en pratique trop longuement dans une même pièce chorale, sous peine d'engendrer une monotonie fatigante pour les auditeurs.

CHAPITRE SIXIÈME

PLAN MUSICAL DÉTAILLÉ DU LOUP ET L'AGNEAU

(fable de La Fontaine).

L'une des plus dramatiques de La Fontaine, cette fable offre, par la mise en scène de ses deux personnages d'un caractère si opposé, un grand intérêt musical. Voici comment nous en comprenons la distribution vocale et le plan détaillé :

Personnages : LE LOUP. . . basse.
L'AGNEAU. . premier ténor ou soprano.

Masse chorale à quatre parties, exposant le sujet et disant tout ce qui est nécessaire à l'intelligence de l'action.

Unisson général.

La raison du plus fort est toujours la meilleure ;
Nous l'allons montrer tout à l'heure.

Ici, un *andante* à bouche fermée, d'un style agreste, fera rêver, par la douceur de son harmonie, au calme profond du paysage où l'action va s'engager.

A quatre parties.

Un agneau se désaltérait
Dans le courant d'une onde pure.
Un loup survient à jeun, qui cherchait aventure
Et que la faim en ces lieux attirait.

Basse seule (style de récitatif) (1).

> Qui te rend si hardi de troubler mon breuvage?

A quatre parties.

> Dit cet animal plein de rage.

Basse seule.

> Tu seras châtié de ta témérité.

Ténor ou soprano seul.

> Sire,

A quatre parties.

> Répond l'agneau,

Ténor ou soprano seul.

> Que votre majesté
> Ne se mette pas en colère,
> Mais plutôt qu'elle considère
> Que je me vas désaltérant
> Dans le courant,
> Plus de vingt pas au-dessous d'elle;
> Et que, par conséquent, en aucune façon,
> Je ne puis troubler sa boisson.

Pendant le solo de l'agneau, le second ténor pourra imiter le mouvement calme du murmure de l'eau, et, vers la fin du même récit, les basses feront entendre un grognement précurseur du dénoûment fatal de la fable.

Basse seule.

> Tu la troubles!

A quatre parties.

> Reprit cette bête cruelle;

Basse seule (style de récitatif ampoulé).

> Et je sais que de moi tu médis l'an passé.

Ténor ou soprano seul.

> Comment l'aurais-je fait, si je n'étais pas né?
> Reprit l'agneau; je tette encor ma mère,

Basse seule.

> Si ce n'est toi, c'est donc ton frère?

(1) La masse chorale ne doit pas dire les vers que chante le soliste, mais l'accompagner en vocalisant ou à *bouche fermée*, suivant le cas.

Ténor ou soprono seul.

> Je n'en ai point.

Basse seule.

> C'est donc quelqu'un des tiens,
> Car vous ne m'épargnez guère,
> Vous, vos bergers et vos chiens.
> On me l'a dit : il faut que je me venge.

On pourra ponctuer, en quelque sorte, par des accords sur la syllabe caractéristiques *bée, bée,* les différents membres de phrases du loup.

A quatre parties.

> Là dessus, au fond des forèts,
> Le loup l'emporte et puis le mange
> Sans autre forme de procès !

On donnera la mélodie de ces derniers vers aux premiers ténors; les seconds ténors et les barytons feront entendre ici les plaintes entrecoupées de l'agneau sur la syllabe *bée, bée,* et les basses marqueront les pas précipités du loup ravisseur.

Nous terminerons ce chapitre en conseillant aux jeunes compositeurs d'éviter de répéter les mots inutilement dans les chœurs que leur inspireraient les vers de l'immortel fabuliste, et de choisir, ainsi que nous venons de le faire, celles des voix qui ont le plus de rapport avec les héros du poëte, pour leur confier les différents solos formant le dialogue si coloré du chantre de *Maître Corbeau* et de la *Cigale et la Fourmi*.

A la fin du chapitre neuvième et dernier, on trouvera la mise en œuvre du plan musical de cette fable, que l'auteur de cet *Essai* a écrit pour quatre voix d'hommes.

CHAPITRE SEPTIÈME

QUELQUES REMARQUES CRITIQUES A PROPOS DE CERTAINES COMPOSITIONS
CHORALES CONTEMPORAINES.

La facilité avec laquelle une foule de chœurs destinés aux orphéonistes sont lancés dans le commerce de la musique, l'absence
de tout contrôle sérieux pour l'admission de ces compositions,
telles sont les causes du relâchement musical que l'on a trop souvent le regret de remarquer en assistant aux différents concours
qui s'ouvrent l'été sur presque tous les points de la France. Le
choix des paroles influe également d'une manière toute spéciale
sur le plus ou moins de valeur des compositions qu'elles inspi-
rent. Le manque de goût, l'absence d'études, achèvent ce que la
routine a commencé. Depuis que les sociétés chorales du Nord
ont fait entendre aux oreilles françaises de belles et grandes compositions pour voix d'hommes, le goût des populations pour les
pan pan, les *plan, plan, plan*, et les *la la-y-tou* a sensiblement
diminué. Les connaisseurs, quoique en petit nombre encore,
finissent par l'emporter sur la masse ignorante; et celle-ci, en
écoutant plus souvent de bonne musique, dédaignera enfin les
misérables rapsodies dont on avait bercé ses oreilles depuis trop
longtemps.

La plupart des chœurs des compositeurs modernes dont nous
voulons parler sont mal écrits; sans forme, sans tonalité bien
assise. La pâte harmonique en est si compacte, que l'oreille est
sans cesse fatiguée par un trop plein vocal qui l'ahurit. Faire
compter des pauses à ces faux savants serait les condamner à
écrire dans un style figuré dont ils n'ont pas la moindre idée. Si
au moins ils respectaient la prosodie de leur langue maternelle!
Mais non; ils coupent et hachent les mots pour produire des
effets rhythmiques. La péroraison du chœur *Les Enfants de*

Paris, et *Amour sacré de la patrie*, de la *Muette*, que les marrons
de la composition chorale imitent depuis plus de vingt ans, ont
bien des méfaits de ce genre à se reprocher! Si tous ces défauts
constitutifs ne se rencontraient que dans des chœurs publiés iso-
lément, nous n'aurions qu'à en gémir; mais que dire, ou plutôt
que ne pas dire lorsque l'on voit de ces compositions nauséa-
bondes imposées aux sociétés concurrentes!

Il est de la plus grande urgence que les orphéons libres français organisent un comité central d'admission pour les chœurs
imposés, et même pour l'admission des chœurs de choix chantés
par les sociétés qui s'inscriront pour prendre part aux concours
annoncés à l'avance. Alors le public sera délivré de toutes ces
compositions chorales apocryphes, et il n'entendra plus que de
belles et bonnes œuvres; alors la France sera digne d'occuper la
place qui lui est due dans le grand concert choral européen!
Qu'on ne croie pas, d'après les paroles sévères que nous venons
de prononcer, que nous soyons de ces esprits retardataires qui
regrettent le temps où florissaient les maîtrises et les jurandes;
le seul amour de l'art nous anime, et, puisqu'il y a des commis-
sions sanitaires contre les épidémies en France, pourquoi le bon
sens des orphéonistes ne leur ferait-il pas créer, soit pour chaque
province, soit plutôt à Paris, un comité central dont le talent, le
caractère et la position des membres donneraient des garanties
suffisantes de leur impartialité?

En reprenant en sous-œuvre des études trop incomplètes,
beaucoup de ces compositeurs par à peu près, pourraient ac-
quérir le talent qui leur fait défaut, et perfectionner les dispositions que la nature leur a données; mais il faudrait bravement
et promptement se remettre au travail, car le travail est le
père du succès, et souvent aussi celui de la fortune. C'est donc
avec autant de raison que de sentiment que A. Vialon, l'auteur
des paroles de l'*Enclume*, l'un des chœurs les mieux réussis
d'Adolphe Adam, a dit :

> Le travail répand la richesse;
> Des cœurs il dissipe le deuil.

Ajoutons que si, le travail intellectuel ne donne pas toujours la fortune, il donne l'estime de soi-même à ceux qui s'y livrent avec courage, et que, dans la vie militante des artistes, il leur apporte une foule de jouissances morales qui ont aussi leur prix. A l'œuvre donc, compositeurs trop pressés de jouir du fruit de vos essais! Patience et courage, et les bravos des hommes de goût vous dédommageront amplement du temps d'arrêt que vous aurez fait subir à votre désir immodéré des applaudissements! Semez et vous récolterez. Mais attendez que la moisson soit mûre, au lieu d'y porter la faucille avant que le poids de ses grains ne fasse courber l'épi jaunissant!

CHAPITRE HUITIÈME

CONSEILS AUX POÈTES QUI SE PROPOSENT D'ÉCRIRE DES VERS
DESTINÉS AU CHANT CHORAL.

Les vers alexandrins, à rimes croisées surtout, conviennent peu à la poésie destinée à être chantée. Il n'y a que les récitatifs qui puissent admettre l'emploi de ces sortes de vers. Dans les mélodies et dans les chœurs, on évite l'alexandrin à cause du développement de la phrase musicale, que retarde nécessairement le retour de la rime, et change alors en prose les vers les plus harmonieux et les plus poétiques.

Lorsque le poëte choral écrit des couplets, des strophes ou des stances, il doit s'astreindre à scander les seconds, troisième et quatrième couplets de la même manière que le couplet initial. C'est Hoffmann, le collaborateur habituel du célèbre Méhul, qui, le premier des poëtes dramatiques et lyriques, a mis en pratique le précepte que nous donnons ici. Par lui, les compositeurs ne sont pas obligés de dénaturer la forme mélodique qu'ils ont donnée au premier couplet, et, tout en respectant la prosodie, ils rendent bien plus facile et plus naturelle l'exécution de leur musique (1). Si, comme dans la cantate ou l'hymne choral avec un refrain unique, le musicien juge nécessaire d'écrire une musique spéciale pour chaque couplet, le poëte n'a pas besoin de s'astreindre à scander ses paroles sur le modèle de la première strophe.

Il est plus harmonieux aussi de tâcher d'élider la fin d'un vers féminin avec le commencement du vers qui le suit. Si le sujet est passionné ou allègre, la coupe des vers de trois ou de cinq syllabes féminines, suivies d'un vers masculin et répétées deux fois de la sorte dans un même couplet, est favorable à la musique. C'est par une coupe de ce genre que Scribe a terminé le bel air : *Rachel, quand du Seigneur,* de la Juive :

> Dieu m'éclaire,
> Fille chère,
> Près d'un père
> Viens mourir;
> Et pardonne
> S'il te donne
> La couronne
> Du martyr !

Dès le début de la charmante idylle chorale *les Blés*, si mélodieusement mise en musique par Amédée Méreaux, M. Gustave Chouquet, le poëte favori des maîtres français de l'art choral, a écrit également des vers de trois et de quatre syllabes dont la coupe est excellente :

> Dans les blés,
> Assemblés,

(1) Il est regrettable que les auteurs des paroles des *Hymnes à la Paix* choisies par la Commission du Concours international, n'aient pas mis ce précepte en pratique; la popularité des airs qu'elles inspireront y eût gagné immensément. De plus, ces hymnes n'ont pas un refrain unique reliant les strophes, et les multitudes ne gravent dans leur mémoire que cette véritable épigraphe d'un chant populaire, témoin le refrain : *Aux armes Citoyens !* de la *Marseillaise* de l'immortel Rouget de Lisle (2 mai 1867).

> Garçons et filles
> Jettent au vent,
> Ce doux chant
> Au bruit mourant
> De leurs faucilles.

Si, au contraire, le sujet du chœur est grave et solennel, la coupe de dix syllabes est excellente. La coupe de huit syllabes convient surtout aux couplets d'un genre mixte. La mélodie s'arrange aussi très-bien des vers de sept et même de neuf syllabes. Le poëte peut aussi, dans les sujets qui sont d'un caractère descriptif, écrire des vers de dix syllabes, mais ayant leur césure après le cinquième pied, contrairement à la règle qui exige que la césure de ces sortes de vers soit faite après le quatrième.

Voici la première strophe du *Passage de la mer Rouge*, extrait de l'oratorio *les Noces de Cana* (1), de l'auteur de cet *Essai* :

> Le peuple de Dieu, conduit par Moïse,
> A quitté Memphis. La terre promise
> Va le recevoir
> Palpitant d'espoir.

Enfin le poëte évitera autant que possible de terminer une strophe énergique par une rime féminine. Les chanteurs sont obligés d'épeler, en la chantant, une rime de ce genre, ce qui produit un effet très-désagréable à l'oreille des auditeurs délicats. Si le poëte traite un sujet pathétique, terrible ou touchant, il peut, après avoir exposé son sujet, varier la coupe de ses vers.

Nous supposons un goût trop épuré aux poëtes vraiment dignes de ce beau titre, pour avoir besoin de leur exprimer toute notre réprobation pour les sujets bas ou ne traitant que de la pratique manuelle des métiers les plus vulgaires. Dieu, la nature, l'amour de la gloire ; le beau dans toutes ses manifestations morales, voilà ce qui convient à l'art choral destiné aux populations des villes et des campagnes. Il est temps enfin de faire cesser

(1) Exécuté à Lyon, au Grand-Théâtre, en 1858, sous la direction de l'auteur.

l'espèce de prostitution musicale dont trop de compositions chorales sont les complices et les victimes. Les métiers ont eu leurs imitations grossières poussées jusqu'à l'idiotisme; que la poésie lyrique reprenne enfin la place qu'elle a trop souvent abandonnée lâchement, et l'art choral français pourra lutter avec l'art choral allemand et belge.

Il est temps enfin, que les vrais poëtes de notre nation, fassent mentir le ridicule aphorisme mis en circulation par le trop spirituel Voltaire. Non, ce qui *ne se dit pas*, ne doit pas *se chanter!* Les beaux vers ne sont pas faits pour être seulement déclamés. Si leur coupe est musicale, ils deviennent naturellement lyriques; mais, ainsi que nous l'avons dit au début de cet *Essai,* la musique ajoute des ailes à l'ange poétique; ces deux sortes de poésie sont sœurs, et, venues du ciel, elles s'élancent radieuses vers la voûte éthérée en se donnant la main. *Le lac* de Lamartine, a fait produire un chef-d'œuvre à Niedermeyer; et *la Captive* de Victor Hugo, a inspiré à H. Berlioz une mélodie qui vivra plus longtemps que beaucoup d'opéras que la mode a pris sous sa protection inconstante.

CHAPITRE NEUVIÈME

CHOIX DE CHŒURS ALLEMANDS, BELGES ET FRANÇAIS, TIRÉS DES ŒUVRES DES MAITRES LES PLUS RENOMMÉS, ET ANNOTÉS.

Il nous a paru utile aux progrès des jeunes compositeurs, de terminer cet essai sur la composition chorale par plusieurs chœurs écrits par les maîtres contemporains les plus renommés. Partout où cela nous a semblé nécessaire, nous avons annoté les passages dignes de fixer plus particulièrement l'attention de nos lecteurs, et nous espérons que ces espèces de commentaires hâte-

ront le développement des facultés créatrices chez ceux auxquels
le Ciel a départi le don mélodique et harmonique, car nous l'a-
vons déjà dit dans notre poëme sur l'*Harmonie musicale* (1).

Et, comme on naît poëte, on naît compositeur.

Mais, comme à côté des choses d'art, il y a toujours leur ex-
ploitation industrielle, il ne nous a pas été permis de donner en
entier certains des chœurs analysés par nous. Nos lecteurs pourront les lire en entier à la bibliothèque du Conservatoire impérial
de musique de Paris.

(1) *L'Harmonie musicale*, poëme didactique en quatre chants, in-8º de 40 pages;
Paris, 1853, chez Amyot, rue de la Paix. (La 2ᵉ édition corrigée est sous presse.)

ÉCOLE CHORALE ALLEMANDE [1].

§ 1. **Adieu aux Jeunes Mariés.**

SÉRÉNADE

pour deux chœurs (à 8 huit voix) d'hommes et de femmes; paroles françaises
de M. Émile Deschamps; musique de G. Meyerbeer.

(1re) Les cadences plagales des 2es basses donnent, dès la 1re mesure, l'idée du sentiment religieux qui anime tout ce chœur ravissant, dans lequel l'amour sanctifié par l'hymen, est exalté avec tant de charme par la muse du poëte et du compositeur. Cette mélodie charmante est comme parfumée de lys et d'oranger.

(13e) Le *ré* ♭ est changé en *ut* ♯; et la phrase en *la* ♮ majeur, dont la basse descend diatoniquement en passant par l'accord de triton si expressif, est délicieuse.

(15e) Le *la* ♮ des basses est un *si double-bémol* enharmonique, qui descend sur l'accord de $\frac{6}{4}$ de la dominante du ton principal de *ré* ♭. Cette modulation, quoique très-simple, est d'un effet très-heureux.

(17e) La résolution de l'accord de $\frac{6}{4}$ sur la dominante à la basse, a quelque chose d'insolite qui ne s'explique que par l'effet heureux que cette licence harmonique produit. Régulièrement, il faudrait la pédale-tonique.

(20e) Cette mesure isolée à $\frac{3}{4}$ est très-piquante; elle relie le retour du mouvement primitif et de la mesure à $\frac{6}{4}$. Le trait expressif des 1ers ténors est d'une tendresse indicible. Le quatuor féminin reprend seul le chœur des voix d'hommes, en chantant les paroles de la 2e strophe, et, enfin, la 3e et dernière strophe de cette poésie éloquente et remplie de tendres regrets, est scindée, ainsi que la musique du 1er quatuor, entre les deux masses chorales, masculine et féminine. Ce beau morceau se termine

---

(1) Les chiffres entre parenthèses indiquent les mesures commençant les passages commentés. Mais lorsqu'un même chiffre est répété, ce chiffre doit s'appliquer au nouveau mouvement du morceau analysé.

par la réunion des 8 voix, qui, dans un épanouissement sublime, s'abaissent en adressant un dernier adieu aux jeunes époux. — Répétons que des convenances de propriété musicale, devant lesquelles nous nous inclinons, ne nous ont pas permis de donner en son entier cette œuvre chorale, l'une des plus poétiques de l'immortel compositeur.

§ 2. **Dans la Forêt**

(Im Walde).

Paroles d'A. Cznterick ; musique de F. Kücken.

(1re) Ce chœur, l'un des plus populaires de F. Kücken, débute par un *andante* d'un caractère très-suave. Les harmonistes remarqueront une résolution assez singulière de la basse, à la 4e mesure : l'*ut*, qui devrait descendre d'un demi-ton sur la sensible (le *si*), va sur la dominante. Dans un cas pareil, les puristes font la pédale-tonique ; pourtant le compositeur a pour lui l'autorité de Haydn, qui, dans plusieurs de ses quatuors, a résolu à la basse le 2e renversement de l'accord de 7e de sensible, de la même manière que lui.

(40e) Ici, la 7e mineure (*fa*) monte à la quinte de la tonique, tandis que la basse *sol* se résout sur cette dernière. Encore cette fois, la pédale-tonique neutraliserait la petite incorrection harmonique signalée.

(1re) La transition charmante produite par le ton de *la* ♭ est un moyen harmonique qui produit toujours un effet auquel sont sensibles les personnes les moins musiciennes. — Ce solo de baryton est d'une forme mélodique très-agréable, et l'accompagnement à bouche fermée du chœur, écrit constamment à 4 parties, lui donne beaucoup de relief.

(1re) L'entrée des seconds ténors, suivie de l'imitation des mélopées favorites des cors de chasse, est simple et amenée très-naturellement.

(13e) Le traducteur des paroles allemandes ayant eu le soin, recommandé par nous (page 31) de scander de la même manière le 1er et le 2e couplet, cette sage précaution a évité de réimprimer plusieurs planches, tout en conservant à la mélodie son caractère primordial.

(35ᵉ) Le *ré* ♮ de la 1ʳᵉ basse se change en *mi double bémol*. Pour la régularité de l'harmonie, le 1ᵉʳ ténor devrait avoir un *ut* ♭ au lieu d'un *si*, note initiale de la phrase en *sol* ♭. — La conclusion de ce chœur est chaleureuse et d'un effet sûr; les dernières imitations des cors de chasse provoquent toujours les applaudissements des auditeurs.

ÉCOLE CHORALE BELGE.

§ 1. **Prière avant la bataille.**

Paroles de M. G. Gensse; musique d'Étienne Soubre (1).

(8ᵉ) Le repos sur l'accord majeur du 3ᵉ degré est plein de solennité.

(43ᵉ) Cet unisson, si simple en apparence, prépare avec beaucoup d'art l'accord en blanche de 7ᵉ diminuée qui le suit.

(49ᵉ) Ce nouvel unisson, d'un caractère calme, est suivi d'une entrée en *sol* ♮, au 2ᵉ renversement, d'un effet tout mystique.

(1ʳᵉ) Cette large mélodie, que le compositeur développe plus loin avec tout le luxe choral qu'elle comporte, est d'un grand et noble caractère.

(12ᵉ) L'accompagnement à 4 parties donne un nouvel intérêt à l'entrée de la phrase en *ut* mineur des basses.

(21ᵉ) Ici le chœur d'accompagnement est à 6 parties.

(26ᵉ) La phrase principale chantée à l'octave supérieure par le 1ᵉʳ ténor, et accompagnée d'une façon très-piquante par les voix intermédiaires, produit ici un effet très-pathétique.

(36ᵉ) Ces *ré* ♮ sont d'une grande poésie, et les *ut* ♮ des deux autres parties de basse, complètent l'effet de ce beau passage.

(1ʳᵉ) Ici le compositeur reprend quelques mesures de l'introduction (à partir de la 35ᵉ), pour en faire le commencement de la strette, dont l'effet est très-chaleureux.

(37ᵉ) Cette pédale-tonique, brodée, est écrite avec un grand sentiment harmonique.

(1) Ce compositeur, dont la rare modestie égale le talent, est une des gloires du chant choral en Belgique; et nous sommes heureux d'avoir l'occasion de lui rendre ici la justice éclatante due à son mérite incontesté d'ailleurs.

(1ʳᵉ) Le compositeur, en écrivant ces deux dernières mesures en longues notes et en employant le retard $\frac{4}{3}$, a voulu, avec raison, donner beaucoup de solennité aux paroles : « Le ciel l'ordonne. »

Cette composition chorale, quoique d'une grande simplicité apparente, est d'une belle et noble ordonnance ; son harmonie a de la plénitude sans confusion, et le sentiment mélodique y projette souvent une vive lumière. On n'écrit pas mieux pour les voix que ne sait le faire M. Étienne Soubre.

———

§ 2. **Les Contrebandiers.**

CHOEUR A QUATRE VOIX D'HOMMES.

Paroles de M. Em. de Lyden ; musique de Limnander (1).

(1ʳᵉ) Cette entrée à l'unisson est d'un excellent effet. La phrase a de la décision, de l'audace même. Elle peint le caractère des héros du petit drame choral qui va se dérouler.

(12ᵉ) L'anticipation faite par le 1ᵉʳ ténor de la fondamentale (le *fa*) de l'accord suivant, a quelque chose de rude qui n'est pas sans couleur.

(21ᵉ) Les quatre mesures remplies par 8 croches, à la basse, ont beaucoup d'énergie.

(43ᵉ) Le retour des deux premières mesures du début sur la tenue de la dominante par le 1ᵉʳ ténor, a de la grandeur.

(48ᵉ) Par un caprice assez bizarre, le compositeur, au lieu de faire suivre l'accord de $\frac{6}{4}$ de celui de la dominante non renversée, passe à la

---

(1) Ce compositeur, dont les débuts à Paris firent sensation, s'y fit connaître en 1847 par un concert qu'il donna dans la grande salle du Conservatoire. C'est à ce concert que, pour la première fois, M. Limnander fit entendre l'effet de *bocca chiusa* (bouche fermée) accompagnant un charmant solo de ténor. Depuis, M. Limnander a donné à l'Opéra-Comique *les Monténégrins*, ouvrage en trois actes, et plusieurs autres compositions lyriques dans lesquelles la mélodie, l'art et le sentiment des effets dramatiques se font remarquer à un haut degré. Dégoûté des tracasseries de coulisses, ce compositeur, qui s'est éloigné volontairement du théâtre de ses succès, y reviendra, nous l'espérons, dans l'intérêt de sa gloire et de nos plaisirs.

basse sur la sensible portant l'accord de sixte. C'est une petite licence qui n'ajoute rien à l'effet particulier de la cadence parfaite.

(13°) Le compositeur, en conservant l'unité mélodique du nouveau mouvement à ⅜ qu'il vient de prendre, diminue avec intention le nombre des parties vocales, afin de donner plus d'effet à l'entrée harmonieuse de la prière qui va suivre.

(1ʳᵉ) Cette prière est d'un sentiment très-pieux. On remarquera à la 4ᵉ mesure de la 2ᵉ basse, que l'accord ⁶₄ (*la*, *ré*, *fa*) se résout en montant sur celui de *si* mineur. Nous pensons qu'il y a une faute de gravure, et que le second ténor devrait faire deux *ut* au lieu de deux *ré;* alors l'accord de sixte (*la*, *ut*, *fa*) s'enchaînerait naturellement avec l'accord parfait qui vient après lui.

(1ʳᵉ) Cet *allegro*, précédé d'une espèce d'introduction d'un mouvement un peu plus modéré, produit un heureux contraste avec la prière précédente. Le compositeur sépare la rentrée du motif à ²₄ par un quatuor dialogué en *ré* mineur qui a beaucoup de caractère.

(96ᵉ) La péroraison de ce morceau est chaleureuse. L'accord ⁶₄ (*la* ♭, *ré* ♭, *fa* ♭) retournant à sa tonique naturelle est d'un effet très-sonore, et l'unisson général des deux mesures 97ᵉ et 98ᵉ, donne beaucoup d'éclat à l'accord qui suit.

(103ᵉ) La basse de l'accord de sixte, doublée à l'octave par les 1ᵉʳˢ ténors, jette ici beaucoup de lumière; et pourtant, certains puristes l'interdisent à leurs disciples.

Pour nous résumer, disons que ce chœur populaire a été composé pour la division supérieure du concours de Meaux (16 mars 1858); et que depuis ce temps, il est chanté par la plupart des sociétés chorales de la France et de la Belgique.

ÉCOLE CHORALE FRANÇAISE.

§ 1. Le Carnaval de Rome.

GRANDE SCÈNE CHORALE.

Paroles de Gustave Chouquet; musique d'Ambroise Thomas, de l'Institut.

(Chœur imposé à la division d'excellence du concours d'Arras en 1864.)

(44e) Le *fa* ♮, attaqué par les premières basses, rompt la cadence parfaite de l'accord de *la* majeur, sans pourtant que la tierce majeure de cet accord en soit abaissée; ce qui produit *passagèrement* un accord de quinte augmentée d'un effet étrange, qui peint bien l'austérité de la vie de couvent dont parlent les moines. De plus, ce même *fa* ♮ du 2e chœur donne le ton au 1er chœur, qui entre par *l'allegro moderato* qui suit.

(3e) L'anticipation de la tonique à la basse est un fait harmonique assez nouveau. Parmi les grands *oseurs* de l'art, Beethoven est le premier qui en offre un sublime exemple dans la péroraison du *scherzo* de la symphonie en *ut* mineur. — Tous ceux qui ont visité Rome entendent toujours avec un véritable plaisir cette reproduction vocale identique de la musique pittoresque des *pifferari*.

(1re) La reprise des dernières mesures du chœur des moines produits ici un contraste excellent.

(9e) Ce brillant *tutti* est un écho poétisé des cris et des bruits populaires qui retentissent dans le *Corso* de Rome pendant les grands jours de carnaval.

(86e) Ce solo, ainsi que le compositeur l'observe dans une note (1), doit être chanté par plusieurs voix, dont le nombre soit en rapport avec celui de la masse chorale tout entière.

(1) Les *Notes* placées au bas des pages d'un livre, sont des espèces de *haies vives* qui le protégent en débarrassant les propositions avancées par l'auteur, d'ambages qui obscurciraient la clarté de son style.   (A. E.)

(157ᵉ) Même remarque du compositeur sur le nombre de ténors qui doivent chanter ce solo à l'unisson. — On observera que les voix du chœur imitent les sons stridents de la mandoline.

(169ᵉ) Cette modulation enharmonique est d'une grande hardiesse. Ce n'est que dans des chœurs destinés aux divisions orphéoniques d'excellence, tels que celui-ci, qu'un compositeur peut s'en permettre de ce genre.

(20ᵉ) Le *si* ♭ changé en *si* ♮, produit une transition enharmonique ravissante.

(1ʳᵉ) L'auteur, qui fut pensionnaire de l'Académie de Rome, n'a voulu omettre aucun des airs populaires de la Ville éternelle ; la saltarelle choisie par lui est d'une forme mélodique charmante par sa vivacité.

(57ᵉ) Cet unisson partiel donne beaucoup de rondeur au dialogue choral.

(61ᵉ) La tenue des ténors sur la dominante est d'une grande puissance sonore.

(70ᵉ) Le ton majeur synonyme donne beaucoup d'éclat à la conclusion de ce chœur, remarquable sous tant de rapports, et qui, tout simplement, est un petit chef-d'œuvre du genre.

----

§ 2. La Parole de Dieu.

CHŒUR A QUATRE VOIX D'HOMMES.

Poésie d'Alexandre FLAN ; musique de Louis CLAPISSON, de l'Institut (1).

(1ʳᵉ) Ce chœur, d'un style élevé et d'une grande pureté d'harmonie, est conduit avec habileté et une entente parfaite du maniement des voix.

(1) Après Wilhem, le fondateur de l'Orphéon français, L. Clapisson qu'une mort prématurée a enlevé récemment à l'amour de sa famille, au professorat et à l'art militant, est le premier compositeur contemporain qui ait écrit des chœurs pour voix d'hommes sans accompagnement. Sous le titre du *Vieux Paris*, cet artiste publia un recueil qui obtint beaucoup de succès vers 1835. Le 1ᵉʳ février de cette même année, le chœur intitulé *Dans la Nuit* fut exécuté au deuxième concert de la célèbre Société du Conservatoire de musique.

(33ᵉ) Le duo entre le 1ᵉʳ ténor et le baryton, tandis que le 2ᵉ ténor frappe la dominante sur l'extrémité du premier temps fort, est d'un effet poétique. Rien de plus suave que l'accord de neuvième de la mesure du 1ᵉʳ ténor.

(45ᵉ) La double tenue de la dominante par le 1ᵉʳ ténor et la basse, tandis que le 2ᵉ ténor fait entendre la 9ᵉ et le baryton la 7ᵉ de l'accord, est une nouveauté harmonique d'un effet saisissant.

(113ᵉ) Le compositeur affectant de ne pas mettre la tonique *fa* à la 2ᵉ basse; l'entrée des *ut* donne beaucoup de mélancolie à la mélodie.

(125ᵉ) Unisson partiel à l'octave entre le 1ᵉʳ ténor et la basse. — N'y aurait-il pas là une faute de gravure?

(187ᵉ) Le compositeur, qui avait le sentiment d'une déclamation vraie et expressive, fait entendre sur les notes frappées les accords solennels du *De profundis* de la liturgie catholique. Cette harmonie réveille dans l'esprit le souvenir de pertes cruelles, et nous montre le néant des choses de la terre. Il était impossible de mieux traduire cette grande et consolante pensée qui proclame l'immortalité de l'âme, et sa participation aux béatitudes célestes.

(205ᵉ) L'accord de $\frac{6}{4}$, mis ici à la basse au lieu de la tonique, se résout dans la mesure suivante en montant de 3ᵉ sur l'accord accidentellement parfait majeur du 7ᵉ degré. Nous ne trouvons aucun précédent justifiant cette licence, dans les œuvres des plus grands maîtres, même les plus *oseurs*.

---

§ 3. **Départ et Retour.**

CHOEUR A QUATRE VOIX D'HOMMES.

Paroles d'A. VIALON; musique de Georges KASTNER, de l'Institut.

(1ʳᵉ) Les deux basses qui chantent à l'unisson le début de ce chœur, dont la première partie peint l'*Hiver*, préparent avec effet l'entrée des quatre voix qui harmonisent ce même chant des basses, en lui donnant une couleur très-caractéristique.

(33ᵉ) Ce $\frac{6}{8}$, dont la mélodie a de la grâce, est développé avec beaucoup d'art; et le compositeur, sans sortir du ton de *mi* ♭ majeur qu'il a choisi, donne un coloris nouveau à chaque retour du motif principal.

(93°) Le *Printemps* est annoncé par de belles tenues : la première en *la* ♭ et la seconde en *ut* majeur. — Le *mi* ♮ du 1ᵉʳ ténor donne beaucoup de clarté à l'harmonie, et peint avec vérité les vers :

> Enfin tout se réveille
> A la clarté vermeille
> Du retour du printemps !

(4) La mélodie en mouvement de valse sur ces vers :

> Douce hirondelle
> Ouvre ton aile.

est rendue très-piquante par l'accord de triton que la seconde basse attaque; et la phrase en *sol* majeur des 1ᵉʳˢ ténors est élégante et d'une forme très-mélodique. — Ce qui distingue ce chœur, c'est l'art avec lequel le compositeur donne de l'intérêt aux parties vocales; c'est aussi la connaissance parfaite qu'il possède du mélange intelligent des timbres. Souvent, le chœur est écrit à cinq, à six et même à sept parties; mais cette richesse d'accords est toujours soumise aux lois du bon goût et à celles de la sonorité. Enfin ce chœur, qui a été exécuté pour la première fois au concours remarquable ouvert à Amiens le 3 juillet 1864, est digne de la plume féconde qui a écrit les *Chants de la vie* et ceux de l'*Armée française*.

---

§ 4. Le Départ des Apôtres.

CHŒUR A QUATRE VOIX D'HOMMES.

Paroles de Gustave CHOUQUET; musique de François BAZIN.

(1ʳᵉ) Ce chœur, dans lequel les auteurs ont cherché la couleur religieuse de la primitive Église, est d'un caractère onctueux; et souvent, le compositeur a su rappeler, sans imitation puérile, le style des maîtres du XVIᵉ siècle. L'unisson du début a beaucoup de simplicité, et l'entrée de l'harmonie à la 4ᵉ mesure est d'un effet sonore.

(1ʳᵉ) Cet *andante* est écrit presque constamment à trois parties. Le compositeur l'a voulu ainsi avec raison, afin de donner plus d'intérêt à la plénitude harmonique de l'*andantino* qui suit.

(1re) La basse, par ses cadences plagales, donne à l'ensemble une grande et profonde couleur religieuse.

(1re) Le contraste de cet *allegro*, dont la mélodie semble sonner la fanfare triomphale du succès religieux des disciples du divin Maître, est très-frappant. L'unisson des deux basses sur le vers : *Du Dieu de la lumière* est d'un beau et noble caractère ; et la réponse du chœur à quatres parties, est très-heureuse.

(52e) Le retour au motif à $\frac{3}{4}$ (*Aimez-vous tous*) est d'une simplicité qui n'exclut pas l'effet.

Enfin, on observera avec quel tact le compositeur fait ressortir les paroles essentielles de la poésie lyrique. Le fond de la morale évangélique étant la charité ; c'est donc avec sentiment, et beaucoup de raison, que ce vers charmant :

Aimez-vous tous, ainsi le veut le Seigneur Dieu.

a été l'objet d'une attention toute particulière de la part du compositeur.

----

§ 5. **Le Matin.**

SOLO DE TÉNOR ET CHOEUR A QUATRE VOIX D'HOMMES.

Paroles et musique de Laurent de RILLÉ.

(1re) L'*andante* de ce chœur, qui débute sans introduction, est ordinairement chanté, quant au 1er ténor, par une voix choisie ; ce qui explique pourquoi le compositeur a écrit dans les cordes hautes sa mélodie expressive et d'une forme élégante.

(25e) L'écho à bouche fermée est d'un joli effet. Toute cette période est écrite dans un style concerté et chaleureux. L'art s'y cache sous les fleurs mélodiques les plus fraîches, et le retour du motif, précédé d'une rentrée très-noble des basses, produit toujours un excellent effet.

(1re) Cet *allegro* présente dès son début l'emploi de l'unisson partiel suivi de l'unisson à l'octave. Cette manière d'attaquer un nouveau mouvement, et souvent un ton nouveau, est excellente, parce qu'elle permet au directeur de la société chorale de modifier l'intonation en lui donnant le degré d'acuité convenable, suivant que la masse vocale a baissé ou monté pendant l'exécution de ce qui a précédé. On remarquera aussi que, très-souvent, l'auteur écrit à deux parties le second ténor, ce qui produit passagèrement une harmonie à cinq voix d'un effet très-sonore.

(76ᵉ) Le motif du 1ᵉʳ ténor, chanté ici à l'unisson par les deux basses, est rendu plus piquant par les notes à contre-temps du 1ᵉʳ et du 2ᵉ ténors, et le passage syncopé de ces deux voix est très-chaleureux. Enfin, on observera que toutes les voix chantent à l'unisson ce dernier vers :

Reprenons tous notre labeur !

effet qui donne beaucoup d'éclat aux dernières mesures de ce morceau remarquable.

Nota. L'éditeur de cet *Essai* déclare que tous les chœurs analysés par l'auteur, et qui ne font pas partie de son fonds, appartiennent à ceux de ses confrères dont le nom et le domicile sont indiqués. Il prend l'engagement d'honneur, pour lui et ses cessionnaires, de ne pas les séparer du corps du présent livre.

ADIEU AUX JEUNES MARIÉS

SÉRÉNADE.

Chantée aux concerts de la société du conservatoire.

PAROLES DE
Mr E. DESCHAMPS.

MUSIQUE DE
G. MEYERBEER.

Dédiée à Me P. MILLAUD.

Andantino con moto.

Paris. G. BRANDUS et S. DUFOUR, 103, RUE RICHELIEU.

nuit, re_tiens tes heu _ _ _ res:
nuit, re_tiens tes heu _ _ res:
nuit, re_tiens tes heu _ _ _ res:
nuit, re_tiens tes heu _ _ _ _ _ res:
Cresc
Cresc
Trop tôt vien_dra le
Trop tôt vien_dra le jour
Cresc
Trop tôt vien _ dra le
Cresc
Trop tôt vien _ dra le
p
jour trop tôt vien_dra le jour
Molto cresc
pp
Tous
pp
oui trop tôt vien_dra le jour
Tous
p
pp
jour trop tôt vien_dra le jour
Tous
p
Molto cresc
pp
jour trop tôt vien_dra le jour
Tous

deux a _ vec l'au _ ro _ _ _ re Vont
deux a _ vec l'au _ ro _ _ re Vont
deux a _ vec l'au _ ro _ _ _ re Vont
deux a _ vec l'au _ ro _ _ _ re Vont
Molto cresc Dim
fuir bien loin de nous Chan_tons chantons en_
pp
fuir bien loin de nous Chan_tons chanton en_
pp
fuir bien loin de nous Chan_tons chantons en_
pp
fuir bien loin de nous Chan_tons chantons en_
ff
Cresc
co_ _ _ re chan_tons en _ cor chan_
ff
co_ _ _ re chan_tons en _ cor chan_
ff
co_ _ _ re chan_tons en _ cor chan_
Cresc ff
co_ _ _ re chan_tons en _ cor chan_

e staccato
tous   L'a_dieu plain_tif   et   doux L'a_dieu plain_
P e staccato
tous   L'a_dieu plain_tif   et   doux L'a_dieu plain_
pe staccato
tous   L'a_dieu plain_tif   et   doux L'a_dieu plain_
Pe staccato
tous   L'a_dieu plain_tif   et   doux L'a_dieu plain_
Dol
tif   et doux   L'a_   _dieu   plain_tif   et
Dol
tif   et doux   L'a_   _dieu   plain_tif   et
Unis   Dol
tif   et doux   L'a_   _dieu   plain_tif   et
tif   et doux   Oui   la_dieu
Rall   A tempo   p   Très doux
doux   A   _dieu la blonde é_
Rall   P
doux   A   _dieu la blonde é_
Rall   P
doux   A   _dieu la blonde é_
A tempo   p
l'adieu plaintif et   doux   A   _dieu la blonde é_

DANS LA FÔRET
(IM WALDE)
CHŒUR

Paroles d'**A. CEUTERICK**.　　　　　Musique de **F. KÜCKEN**

nuis
ah viens pen-dant les nuits
- ah viens pendant les nuits pen - dant les nuits
nym - phe des bois nym - phe ré - veil - lez vous
et vous zé - phyrs char - mez nous et vous zé -
phyrs charmez nous nym - phe des bois nymphe
ré - veil - lez vous et vous zé - phyrs vous zé -
phyrs char-mez nous ô zé - phyrs char - mez nous.

And.te con espress.
1.r Couplet.
BARYTON SOLO.
1.rs et 2ds TÉNORS.
1.rs et 2des BASSES.
dolce
bouche fermée
fz
O
toi que j'aime dors en paix dans ton humble chau-miè-re la
toi vo-lem'en cœur é-pris bel an-ge bien su-prê-me ton
p
lu-ne sous son voile é-pais t'en-tou-re de lu-miè-re
a-mour se-ra-t'il le prix de mon a-mour ex-trê-me
fz
fz
cresc.
dim.
f
p
en dors toi gentille ouvriè-re re-pose en disant ta pri-è-re que
ne di-ras-tu jamais toi même de ta voix si dou-ce je t'ai-me si

rien ne trouble ton som - meil jusqu'au re - tour de l'aube au front ver
j'en - tendais ces mots si doux de mon bon - heur le ciel serait ja
fz
meil que rien ne trouble ton som - meil jusqu'au re -
loux si j'en - tendais ces mots si doux de mon bon -
p
fz
1ª
2.ᵉ Couplet
tour de l'aube au front ver - meil
beur le ciel se - rait ja
Vers
p
fz
2ª
etc.
loux
son
p
De son bon - heur le ciel oui le ciel se -
p
f
p

PRIÈRE AVANT LA BATAILLE

CHŒUR

Paroles de **G. GENSSE**. Musique d'**E. SOUBRE**

Liège chez E. SOUBRE.

dard dans les airs se ba _ lan _ _ ce qu'il ap_par_tienne au plus au_da_ci
lan _ ce qu'il ap _ par _ tienne au plus au_da_ci
eux
A _ ler _ _ te aler _ _ _te aler
eux
eux   Bientôt ces fiers soldats vont
eux Bien_tôt ces fiers sol_dats vont mordre la pous_siè_re
te   a_ler_te ces fiers sol_dats vont mordre la poussie _ ré Mais a_
mordre la pous siè _ re Bientôt ces fiers soldats vont mordre la poussiè _ _ ré Mais a_
vant de songer à ven_ger nos af_fronts Of_frons à l'éter_nel   u_ne
Of_frons à l'é_ter_
Of_frons à l'é_ter_
Of_frons à l'é_ter_

sain _ te pri_e _ _ repourl'implo_rer courbousno_fronts
nel une sainte prièreune saintepri è _ _ repourl'implorer courbons-nos
pourl'implo-rer cour_bons nos fronts
fronts
pourl'implo-rer courbonsnos fronts a _ mis pri _ ons
fronts
pri _ ons
con portamento
1s 2s BASSES
O toi,Dieudes ba_tail _ les! auchampd'honneurguide nos
pas ac_cor-de nous d'il_lus_tres fu _ né _ rail_les si le des_
tin trahissait notre bras si le des_tin si le de_
rit. a mezza voce
tin tra-his_sait no _ tre bras Mais non, viens en hé_

4
Piu mosso (♩ = 56)
ppp
Mais non viens en héros
transformer nos soldats
ppp
Mais non viens en hé ros
transformer nosso
ppp
Mais non viens en hé ros
transformer nosso
ros
transformer nos sol dats
et que leurs batai
et que leurs bataillons
in vin ci bles murailles
dats
et que leurs batail lons
invin ci bles mu
lons
invin ci blesmu rail
les laissent tom
etc
lais sent tomber au loin
le fer et le trépas
rail les
laissent tomber au loin
le fer et le tré
railles
laissent tomber au
loin
le fer et le tré
ber
le fer et le tré pas
laissent tom

BIBLIOTHÉQUE DES CONCOURS D'ORPHEONS.

LES CONTREBANDIERS.

Paroles de Mr. Em: de LYDEN.   Musique de LIMNANDER.

Chœur imposé par la commission des membres du Jury,
pour la Division supérieure du concours de MEAUX (16 Mai 1858)
Prix 1f.25.net
Paris, aux bureaux du Journal l'Orphéon, Rue Notre-Dame de Nazareth, 61.

⊛. Les 1res premières mesures doivent être chantées en voilant le timbre de la voix et en
accentuant très vigoureusement pour donner beaucoup d'énergie malgré le piano.

sor _ tez de vos hal _ liers En
sor _ tez de vos hal _ liers En _ fin la nuit des _ cend et la
sor _ tez de vos hal _ liers En _ fin la nuit des _
_ diers de _ bout!

mf
_ fin la nuit des _ cend et la lune est voi _ lé _ e La
mf
lu _ ne est voi _ lé _ e la lune est voi _ lé _ e
mf
_ cend la nuit des _ cend et la lune est voi _ lé _ e La voix de la tem _
mf
la nuit des _ cend et la lune est voi _ lé _ e

cres _ _ cen _ _ do. _ _ _ _
voix de la tem _ pête en _ va _ hit la val _ lé _ e la
cres _ cen _ do
La voix de la tem _ pê _ _ te la
cres _ cen _ do
_ pête en _ va _ hit la val _ lé _ e la voix de la tem _
cres _ cen _ do.
La voix de la tem _ pê _ te enva _ _ hit la val _ lé _ e la

voix de la tem _ pête en _ va _ hit la val _
voix de la tem _ pête en _ _ va _ hit la val _
pê _ _ te en _ va _ hit en _ va _ hit la val _
voix de la tem _ pê _ te enva _ hit la val _ lé _ _ e la voix de la tem _ pê _ te enva

ff
_ lé _ _ _ _ e
ff
_ lé _ _ _ e   Cha _
ff
_ le _ _ _ e   Cha _ cun rentre au lo _
_ hit la val _ lé _ _ e cha _ cun rentre au lo _ gis   cha _

Cha _ cun rentre au lo _ gis pâle et trem blant   d'ef _
_ cun rentre au lo _ gis rentre au lo _ gis pâle et trem blant   d'ef _
_ gis   Cha _ cun rentre au lo _ gis pâle et trem blant et tremblant d'ef _
_ cun rentre au lo _ gis rentre au lo _ gis pâle et trem blant   d'ef _

_ froi _   Et nous ne craignons
_ froi _ Et nous ne craignons plus   Et nous ne craignons
_ froi _   Et nous ne craignons plus nous ne crai _
_ froi _   Nous ne crai _

plus que les sol _ dats   du Roi
plus que les sol _ dats les soldats du Roi
_ gnons que les sol _ dats du Roi   Bien_tôt viendront pour
plus que les sol _ dats du Roi

Bien_tôt viendront pour
de combat la mé _ lé _ e Bien_tôt viendront pour
nous de com_bat la mé _ lé _ e Bien_tôt viendront pour
le combat la mé _ lé _ e Bien_tôt viendront pour
nous le com_bat la mé _ lé
nous le com_bat la mé _ lé _ e Sor _ tez de vos hal_
nous le com_bat la mé _ lé _ e Sor _ tez de vos hal_
nous le com_bat la mé _ lé _ e Sor _ tez de vos hal _
e Sor _ _ tez de vos halliers de
_liers de bout con_tre_bandiers Sor _ _ tez de vos halliers de
_liers de bout con_tre_bandiers Sor _ _ tez de vos halliers de
_liers de bout con_tre_bandiers Sor _ _ tez de vos halliers de
bout con_tre_ban diers! Chut! prêtons l'o_
bout con_tre_ban diers! Chut! prêtons l'o_
bout con_tre_ban diers! Chargeons les mu _ lets! ....
bout con_tre_ban diers!
poco rall.
poco mono mosso.
poco rall.
Allo =88
mezzo voce.
mezzo voce.
mf
ff

reil _ le!....
PP le bruit du fu _ sil!
reil _ le!....
le bruit du fu _ sil!
le bruit du fu _ sil!
mezza voce.
PP
N'en_tendez_vous pas le bruit du fu _ sil!
mezza voce.
A cent pas de nous le dou_a_nier veil _ le
le dou_a_nier veil _ le
le dou_a_nier veil _ le
poco meno mosso
Prions mes a_
p
più lento.
voi _ ci le pé _ ril
P Pri _ ons mes a _ mis!
voi _ ci le pé _ ril
voi _ ci le pé _ ril
p
_mis voi _ ci le pé _ ril
p
Pri _ _ ons mes a _ mis pri _ ons mes a _ mis

6
Andte molto. ♩=46
PRIERE.
mf
A deux ge_noux la tê_te nu_e Le front cour_
A deux ge_noux la tê_te nu_e Le front cour_
A deux ge_noux la tê_te nu_e Le front cour_
A deux ge_noux la tê_te nu_e Le front cour_
ff f
_bé chré_tiens pi_eux Pri_ons ce_lui qui règne au
_bé chré_tiens pi_eux Pri
_bé chré_tiens pi_eux Ce_lui qui règne au
_bé chré_tiens pi_eux Pri_ons pri_
Cieux du re_pen_tir l'heu_re est ve_nu
_ons du re_pen_tir l'heure est ve_nu
Cieux du re_pen_tir l'heure est ve_nu
_ons du re_pen_tir l'heure est ve_nu
_e é_tend la main sur
_e Et si la mort é_tend la main sur
_e sur
_e Et si la mort é_tend la main sur
OPH

un é_poux et sur un pè _ re Que
un é_poux et sur un pè _ re
un é_poux et sur un pè _ re
un é_poux et sur un pè _ re Que le Sei _gneur gar_
le Seigneur garde la me _ _ _ re et qu'il don _ ne à l'en_
gar_de la me _ _ _ re et qu'il donne à l'en_
Que le Sei _ gneur gar_de la mère et donne à l'en_
_de la mère et qu'il donne à l'en _ _
_fant du pain. _ Et qu'il donne à l'enfant du pain _
_fant du pain. _ Et qu'il
_fant du pain. _
_fant du pain. _ Et qu'il
don _ ne à l'en_fant du pain Qu'il donne à l'en _ fant du
don _ ne à l'en_fant du pain Qu'il donne à l'en _ fant _ _ du
rall.

A deux ge_noux chré_tiens pi_eux pri_ons ce_
pain.
pain. A deux ge_noux pri_ons pri_ons ce_
pain. Chré_tiens pi_eux pri_ons ce_
_lui qui regne aux cieux.
_lui qui regne aux cieux.
_lui qui regne aux cieux.
_lui qui regne aux cieux.
Allᵗᵗᵒ (♩ = 76.)
Sombres pa_ro_les
a_lar_mes fol_les Som_bres pa_ro_les
a_lar_mes fol_les Som_bres pa_ro_les
a_lar_mes fol_les Som_bres pa_ro_les
a_lar_mes fol_les Som_bres pa_ro_les
Allᵒ (♩ = 96.)
a_lar_mes fol_les crain_tes fri_vo_les fu_yez fuyez fu_
a_lar_mes fol_les crain_tes fri_vo_les fu_yez fuyez fu_
a_lar_mes fol_les crain_tes fri_vo_les fu_yez fuyez fu_
a_lar_mes fol_les crain_tes fri_vo_les fu_yez fuyez fu_

LE CARNAVAL DE ROME

GRANDE SCÈNE CHORALE.

Paroles de
GUSTAVE CHOUQUET

Musique de
AMBROISE THOMAS

PRIX NET 1f. 50c

(France et Étranger) Paris, LÉON ESCUDIER, rue de Choiseul, N.º 21.

Andantino. (♩ = 63.)

DES MOINES PASSENT EN CHANTANT:

1.ᵉʳˢ TÉNORS.

2.ᵈˢ TÉNORS.

BARYTONS.

BASSES.

A

toi. ____ Sei_gneur, nos can _ ti _ ques fer_vents!
toi, ____ Sei_gneur, nos can _ ti _ ques fer_vents! Viens conso_ler notre â _ me
toi. ____ Sei_gneur, nos can _ ti _ ques fer_vents!
toi ____ Sei_gneur, nos can _ ti _ ques fer_vents!
Dai _ gne sou _ ri _ re
en sa dé_tres_se; Dai _ gne sou _ ri _ re
Dai _ gne sou _ ri _ re aux pauvres pé _ ni_
Dai _ gne sou _ ri _ re
aux pauvres pé _ ni _ tents! Frè _ res, frè _ res, ren_
aux pauvres pé _ ni_tents! Frè _ res, frè _ res, ren_
tents! Frè _ res, frè _ res, ren_
aux pauvres pé _ ni_tents! Frè _ res, frè _ res, ren_
_trons en paix dans nos cou_vents. ren _ _ trons _ en _ paix
_trons en paix dans nos cou_vents. ren_trons en paix dans nos cou_
_trons en paix dans nos cou_vents. ren_trons en paix dans nos cou_
_trons en paix dans nos cou_vents. rentrons ____ en paix ____ dans nos ____ couvents ____
B

(1) Ici et plusieurs fois le Chœur se divisera en deux moitiés égales, qui seront désignées par 1ᵉʳ CHŒUR et 2ᵉ CHŒUR, lesquels se réuniront au mot TUTTI. On aura soin de choisir de préférence, pour le 1ᵉʳ CHŒUR, les voix de ténors les plus élevées.

(2) Cet Allᵗᵒ modᵗᵒ 6/8 doit être chanté d'une voix claire et légèrement mordante.

Andantino.
LES MOINES
Rentrons en paix
Rentrons en paix dans nos couvents
Rentrons en paix dans nos couvents Frè - res, rentrons en
Rentrons dans nos couvents. Frè - res, rentrons en
trons rentrons en paix Frères, frères, rentrons au couvent
trons rentrons en paix frères, frères, rentrons au couvent ren
paix rentrons en paix Frères, frères, ren
paix rentrons en paix frères, frères, ren
au couvent.
trons au couvent.
trons au couvent.
trons au couvent.
PIFFERARI
Ah la la
ah!
ah!
la la ah! La ah!
ah!
ah!

cre - scen - do.
la la la la la la la la la la
cre - scen - do.
cre - scen - do.
cre - scen - do.
dim. F
dim
a tempo.
Sain - te Ma - do - ne, Dans ta bon - té,
Ah!
dim.
Ah!
dim.
divisés Ah!
Ah!
dim.
Fais qu'on nous don - ne Qu'on nous don - ne La clarté
dim.
p
dim.
dim.
a tempo.
Ah! la Ah! la la la la la
té! Ah!

Cette petite note est une facilité. On trouvera plus loin d'autres semblantes en petites notes pour faciliter l'exécution

LA PAROLE DE DIEU

CHŒUR à 4 VOIX D'HOMMES
Imposé au Concours de Libourne
le 28 Juin 1863.

Poésie de
ALEX: FLAN.

Musique de
L. CLAPISSON.

Paris chez MARGARITAT Boul. Bonne Nouvelle 21.

2
toujours
pp
2e T.
lorsque le soir vien_dra, Con_fi_ez le, cha_que jour, a la crê_che... Frap_
lorsque le soir vien_dra, Con_fi_ez le, cha_que jour, a la crê_che... Frap_
pp
Frap_pez, frap_pez, frap_
_pez, frap_pez, frap_pez, frap_pez, frappez, frappez,
_pez, frap_pez, frap_pez, frap_pez, frap_pez, frap_pez frap_
_pez, frap_pez, et l'on vous ouvri_ra,
frappez, frappez, frappez, frappez, frappez, frappez, frap_
pez, frap pez, frap_pez, et l'on vous ou_vri_
pez, frap_pez frappez, frappez, frap_pez,
ben marcato
tenuto
ff
oui, l'on vous ou_vri_ra!...Sublime pa_ra_bo _ le! Mot d'es_
ff
_pez l'on vous ou_vri_ra!.... Su_bli _ me pa_ra_bo_le
ff
_ra, l'on vous ou_vri_ra!...Sublime pa_ra_ bo _ le! Mot d'es_
ff
oui, l'on vous ou_vri_ra!...Sublime pa_ra_bo _ le! Mot d'es_

dolce
_poir dernier vœu! Gardons bien la pa _
pp
Mot d'espoir dernier vœu! Gardons bien dans nos cœurs,
_poir, dernier vœu! Gardons bien, gardons bien dans nos
_poir, dernier vœu! Gardons bien, la pa _
ff
_ ro _ le de Dieu! gar_dons bien, dans nos cœurs, la pa_
ff
la pa_ro_le de Dieu! gar_dons bien, dans nos cœurs, la pa_
ff
cœurs, la pa_ro_le de Dieu! gar_dons bien, dans nos cœurs, la pa_
ff
ro _ le de Dieu! gar_dons bien, dans nos cœurs, la pa_
ppp
_ro _ le de Dieu la pa _ ro _ le de Dieu!
ppp
_ro _ le de Dieu la pa _ ro _ le de Dieu!
ppp
_ro _ le de Dieu la pa _ ro _ le de_Dieu!
ppp
_ro _ le de Dieu la pa _ ro _ le de Dieu!

DÉPART et RETOUR

CHŒUR
Imposé au Concours d'Amiens
le 3 Juillet 1864.

Paroles de
A. VIALON.

Musique de
GEORGES KASTNER.

Paris chez MARGARITAT Boul. Bonne Nouvelle 21.

res_te de feuil _ la _ ge, Craint de li_vrer son aîle au
res_te de feuil _ la _ ge, Craint de livrer son aîle au
res_te de feuil _ la _ ge, Craint de livrer son aîle au
res_te de feuil _ la _ ge, Craint de livrer son aîle au
souffle des vents froids! Partez oiseaux ra _ pi_des Fuyez nos bords a _ ri _ des,
souffle des vents froids! Partez oiseaux ra _ pi_des Fuyez nos bords a _ ri _ des,
souffle des vents froids! Partez oiseaux ra _ pi_des Fuyez nos bords a _ ri _ des,
souffle des vents froids! Partez oiseaux ra _ pi_des Fuyez nos bords a _ ri _ des,
And.no moderato (M= =144)
f rallent molto
Hi_ron_del_les ti _ mi _ des, Vo_lez vers d'au_tres cieux!
Hi_ron_del_les ti _ mi _ des, Vo_lez vers d'au_tres cieux! vers d'au_trés
Hi_ron_del_les ti _ mi _ des, Vo_lez vers d'au_tres cieux! vers d'au_tres
Hi_ron_del_les ti _ mi _ des, Vo_lez vers d'au_tres cieux! Par _

Par_tez oiseaux ra _ pi_des! Fu_yez nos bords a _ ri _ des,
cieux Par_tez oi_seaux ra _ pi_des! Fu_yez nos bords a _ ri _ des,
cieux Par_tez oi_seaux ra _ pi_des! Fu_yez nos bords a _ ri _ des,
_tez oiseaux ra _ pi_des! Fu_yez nos bords a _ ri _ des,
Hi _ ron_del_les ti_mi _ des, Vo_lez vers d'au _ tres cieux! Vo _ _
Hi _ ron_del_les ti_mi_des ti _ mi_des, Vo_lez vers d'au _ tres cieux! Vo _ _
Hiron_del_les ti_mi_des ti _ mi_des, Vo_lez vers d'au _ tres cieux! Vo _ _
Hi _ ron_del_les ti_mi _ _ des, Vo_lez vers d'au _ tres cieux! Vo _ _
_ lez vers d'au_tres cieux, vers d'au_tres cieux, vers d'au_tres cieux....
_ lez vers d'au_tres cieux, vers d'au_tres cieux, vers d'au_tres cieux....
_ lez vers d'au_tres cieux, vers d'au_tres cieux, vers d'au_tres cieux....
cieux vers d'au _ tres cieux...
_ lez vers d'au_tres cieux

LE DÉPART DES APÔTRES.

Chœur à 4 voix d'hommes.

Paroles de **Gustave CHOUQUET**.   Musique de **François BAZIN**.

PRIX NET: 60ᶜ.

France et étranger, Paris Léon ESCUDIER, Éditeur, 21, rue de Choiseul.

2
Andante (♩ = 58)
p
Ai_mez-vous tous tous les uns les au_tres, les uns les au_tres; Ain_si le veut
p
Ai_mez-vous tous tous les uns les au_tres, les uns les au_tres; Ain_si le veut
p
Ai_mez-vous tous tous les uns les au_tres, les uns les au_tres; Ain_si le veut
p
Ai_mez-vous tous tous les uns les au_tres, les uns les au_tres; Ain_si le veut

f
Andantino (♩ = 66)
ain_si le veut le Sei_gneur Dieu. Frè_res, al_lons d'un pas a_
f p
ain_si le veut le Sei_gneur Dieu. Frè_res, al_lons d'un pas a_
f p
ain_si le veut le Sei_gneur Dieu. Frè_res, al_lons d'un pas a_
f p
ain_si le veut le Sei_gneur Dieu. Frè_res, al_lons d'un pas a_

_gi _ le Ré_pandre au loin de l'E_van_gi _ le Les di_vi_nes le_çons.
_gi _ le Ré_pandre au loin de l'E_van_gi _ le Les di_vi_nes le_çons.
_gi _ le Ré_pandre au loin de l'E_van_gi _ le Les di_vi_nes le_çons.
_gi _ le Ré_pandre au loin de l'E_van_gi _ le Les di_vi_nes le_çons.

De vé_ri_tés nos mains sont plei _ nes; Al_lons se_mer les sain_tes
De vé_ri_tés nos mains sont plei _ nes; Al_lons se_mer les sain_tes
De vé_ri_tés nos mains sont plei _ nes; Al_lons se_mer les sain_tes
De vé_ri_tés nos mains sont plei _ nes; Al_lons se_mer les sain_tes

Allegro mod.to (♩=80)
grai _ nes Aux cé _ les _ tes mois _ sons! _ Par _ tageons-nous le mon _ de
grai _ nes Aux cé _ les _ tes mois _ sons! _ Par _ tageons-nous le mon _ de
grai _ nes Aux cé _ les _ tes mois _ sons! _ Par _ tageons-nous le mon _ de
grai _ nes Aux cé _ les _ tes mois _ sons! _ Par _ tageons-nous le mon _ de
_ Et lui donnons la foi; D'u _ ne règle fé _ con _ de En_seignons-lui la
_ Et lui donnons la foi; D'u _ ne règle fé _ con _ de En_seignons-lui la
_ Et lui donnons la foi; D'u _ ne règle fé_con_de En_seignons-lui la
_ Et lui donnons la foi; D'u _ ne règle fé_con_de En_seignons-lui la
loi.
loi.
loi. Du Dieu de la lu _ miè _ re Ré_vé_lons _ la bon_
loi. Du Dieu _ de la lu _ miè _ re Ré_vé_lons _ la bon_
_té;
_té;
_té; En_sei_gnons _ à la ter _ re La douce cha_ri _ té.
_té; En_sei_gnons _ à la ter _ re La douce cha_ri _ té.
Ré_vé_lons _ la bon_
Ré_vé_lons _ la bon_
La douce cha_ri _ té.
La douce cha_ri _ té.

Par_tageons-nous le monde ___ Et lui donnons la foi; D'u _ ne rè_gle fé
Par_tageons-nous le monde ___ Et lui donnons la foi; D'u _ ne rè_gle fé
Par_tageons-nous le monde ___ Et lui donnons la foi; D'u _ ne rè_gle fé
Par_tageons-nous le monde ___ Et lui donnons la foi; D'u _ ne rè_gle fé
_con_de ___ En_seignons-lui la loi. Que le Sau_veur ac_corde Par nos
_con_de ___ En_seignons-lui la loi. Que le Sau_veur ac_corde Par nos
_con_de ___ En_seignons-lui la loi. Que le Sau_veur ac_corde Par nos
_con_de ___ En_seignons-lui la loi. Que le Sau_veur ac corde Par nos
mains La paix et la con _ cor_de Aux hu _ mains. Dé_trui_sons ___
mains La paix et la con _ cor_de Aux hu _ mains. Dé_trui_sons ___
mains La paix et la con _ cor_de Aux hu _ mains. Dé_trui_sons ___
mains La paix et la con _ cor_de Aux hu _ mains. Dé_trui_sons ___
___ l'in_flu _ en_ce Des faux Dieux; Marchons, pleins ___ d'es_pé _ ran_ce, Vers les
___ l'in_flu _ en_ce Des faux Dieux; Marchons, pleins ___ d'es_pé _ ran_ce, Vers les
___ l'in_flu _ en_ce Des faux Dieux; Marchons, pleins ___ d'es_pé _ ran_ce, Vers les
___ l'in_flu _ en_ce Des faux Dieux; Marchons, pleins ___ d'es_pé _ ran_ce, Vers les

LE MATIN.

Par LAURENT de RILLÉ.

un peu plus vite
bouche fermée
Des oiseaux des bois, De l'écho so_no re,
Des oiseaux des bois, De l'écho so_no re,
Des oiseaux des bois, De l'écho so_no re,
Des oiseaux des bois, De l'écho so_no re,
Sé _ veillent les voix, Pour fêter l'au_ro_re.
bouche fermée
Sé _ veillent les voix, Pour fêter l'au_ro_re.
Sé _ veillent les voix, Pour fêter l'au_ro_re.
Sé _ veillent les voix, Pour fêter l'au_ro_re.
La forêt pro fon _ de Mur_ _ mu _ re comme une on_de Sous les pas des
La forêt pro_fonde Bru _ _ it Sous les pas des
La fo_rêt pro_fon de Mur_ mu _ _ re Sous les pas des
Mur_ _ mu _ re
rall mf cresc e accelerando
légers chamois. Les échos des bois, Les échos des bois,
mf
légers chamois. mf Les échos des bois, Les échos des
légers chamois. Les échos des bois, Les échos des bois,
Sous les pas des chamois. L'écho des bois, Les échos des bois,

p rall
pressez le mouv!
Pour fêter l'au_rore, E_veil_lent leurs voix, ah!
bois, Fêtant l'au_rore, Eveil_lent leurs voix, Les échos des bois. Fêtant l'au
Pour fêter l'au_rore, Eveil_lent leurs voix, Les échos des
Pour fêter l'au_ro_re, chan_tent,
f p pp
leurs voix ah!
f
Mê_lent leurs voix ah!
_ro_ _re, cres
cresc pp
bois Fêtant l'au_rore, Enfin ré_veil_lent leurs voix
crescendo
Les échos des bois. Enfin ré_veil_lent leurs voix
rall p
sfz ah! tempo 1°
Dans les Cieux pâ_lis_sent les é_toi_les, La nuit,
p
p rall p
la nuit a repli_é ses voi_les, Sur les flots, les mâts livrent leurs toi_les

A la bri_se à la bri_se du ma_tin. Aux Cieux déjà pà_lis_sent les é_
toi _ _les, La nuit s'enfuit sans voiles s'enfuit sans
Aux Cieux déjà pa_lis _ sent les é_toi_ _ _les
en diminnant
voiles devant le ma_tin Aux Cieux pà_lissent les é_toi_les Et la nuit s'enfuit sans
voiles Aux Cieux pà_lissent les é_toi_les, Devant l'aube du ma_tin.
sfz
sfz

Allo M M =152
Voici le jour.
Réveillez-vous voici le jour.
Réveillez-vous voici le jour.
Réveillez-vous voici le jour.
Voi_ci le jour!
Voi_ci le jour!
Ah! réveillez-vous réveillez-vous voici le jour! Dé_jà le jour
Ah! réveillez-vous réveillez-vous voici le jour! Dé_jà le jour
Est de re_tour Est de re_tour
jour Est de re_tour Est de re_tour
Est de re_tour Oui déjà le jour déjà le jour Est de re_tour
Est de re_tour Oui déjà le jour déjà le jour Est de re_tour
la la la la la la la la la la
La trompe sonne Antoine
La _____ trompe son_
la la la la la la la la
La _____ trompe son_
la la la la la la la la la la la

_sonne
Plus de som_meil Plus de sommeil
Plus de som_meil.
la la la la la la la la la la Car
Plus de som_meil.
Car
la la la la la la la la la la la la la la la la
Car le so_leil dé_jà ver_meil
le so_leil la la la la la la la la la la Au loin ra_
le so_leil Au loin ra_
la la la la la la la la la la la la la la la
cresc.
Ecou_tez la trompe sonne, Adieu plaisirs du re_pos. Le so_leil au loin ra_
cresc.
sonne As _sez dor_mir, Plus de re_pos. Ecou_tez la trompe
cresc.
sonne As _sez dor_mir, Plus de re_pos. Al_ _lons gai_
cresc.
la. As_ _sez dor_mir, Plus de re_pos. Al_ _lons gai_
cresc.
_sonne. Accou_rons à nos tra_vaux. As_ _sez dor_mir, Plus
cresc.
sonne. Accou_rons à nos tra_vaux. As_ _sez dor_mir, Plus
cresc.
_cent à nos tra_vaux. As_ _sez dor_mir, A_dieu
_ment à nos tra_vaux. Lorsque le de_voir l'or_donne A_

de re_pos, Al _lons gai_ment à nos tra_
de re_pos, Al _lons gai_ment à nos tra_
plai_sirs du re_pos, Le so_leil au loin ra_yonne Accou_rons à nos tra_
_dieu re_pos, Le so_leil au loin ra_yonne Accou_rons à nos tra_
_vaux Al_lons à nos tra_vaux!
_vaux Al_lons à nos tra_vaux! là là là là
_vaux Al_lons à nos tra_vaux! là là là là
_vaux Al_lons à nos tra_vaux! là là là là
Que les pas_teurs Gra_vissent la mon_tagne, Les
là là là là là là là là là là là là là là là là là là là là
la la la la la la la la la la la la la la la la la la la la
là là là là là là là là là là là là là là là là là là là là
la_bou_reurs Par_tent dans la cam_pagne, Et toi, chas_
là là là là là là là là là là là là la la la la la là là là
la la la la la la la la la la la la la la la la la la la la
là là là là là là là là là là là là là là là là là là là là

_seur! Et toi, ve_neur, Lan_cez la meu_te pleine d'ar_
la la la la la la la la la la la la la Lancez la meu_te pleine d'ar_
la la la la la la la la la la la Lancez la meu_te plei_ne d'ar_
la la la la la la la la la la la Lan_cez la meu_te pleine d'ar_
_deur! Ré_veil_ lez vous dor_meurs Ve_nez pas_
_deur! ah! Ve_nez pas_
_deur! Lan_cez la meute a_vec ar_deur avec ar_deur, Pas_
_deur! Lan_cez la meute a_vec ar_deur avec ar_deur, Pas_
_teurs, laboureurs Sur la mon_ta gne, venez! Ve_nez pas_teurs, laboureurs
_teurs Sur la mon_ta gne, venez! Dans la_bou_reurs
_teurs, Gra_vissez la mon_ta_gne, Ô la_bou_reurs Par_
_teurs. Gra_vissez la mon_ta_gne, Ô la_bou_reurs Par_
_ Dans la cam_pagne, accourez! Et toi chasseur! Et toi
_ Dans la cam_pagne, accourez! Et toi chasseur! Et toi
_tez Dans la cam_pa_gne, Et toi chas_seur! Et toi ve_
_tez Dans la cam_pa_gne, Et toi chas_seur! Et toi ve_

LE LOUP ET L'AGNEAU.

FABLE DE LA FONTAINE.

Mise en Chœur pour 4 voix d'hommes.

par A. ELWART.

Imposé à la 1re division du concours de MANTES.

Le 10 Juillet 1864.

à Mr. Gustave DORÉ.

✳ Nota. On **peut** passer ce 3/4 et aller de suite au signe ⟠ du C en comptant un Soupir **pour** le 1er temps.

Paris A. LAFLEUR fils aîné Luthier Ed: Imp: B! Bne Nouvelle 2

Moderato simplice. M.M. = 96.
Un agneau se dé_ sal_té_rait Dans le courant d'une on_de
Un agneau se dé_ sal_té_rait Dans le courant d'une on_de
Un agneau se dé_ sal_té_rait Dans le courant d'une on_de
Un agneau se dé_ sal_té_rait Dans le courant d'une on_de
Cresc:
pu_ _re Un loup sur_vint à jeun qui cher_chait a_ven_tu_ re et
pu_ _re Un loup sur_vint à jeun qui cher_chait a_ven_tu_ re et
pu_ _re Un loup sur_vint à jeun qui cher_chait a_ven_tu_ re et
pu_ _re Un loup sur_vint à jeun qui cher_chait a_ven_tu_ re et
que la faim en ces lieux at_tirait
que la faim en ces lieux at_tirait
que la faim en ces lieux at_tirait
Solo. ad lib:
que la faim en ces lieux at_tirait qui te rend si har_di de trou_

4
Dit cet a_ni_mal plein de ra_ge
Dit cet a_ni_mal plein de ra_ge
Dit cet a_ni_mal plein de ra_ge
Tutti.
Solo.
_bler mon breu_va_ge? Dit cet a_ni_mal plein de ra ge Tu se
Solo ad lib:
Si _ _ re répond l'a
Dolce.
BF
BF
BF
_ras cha_ti_é de ta té_me _ri_té
_gneau, que vo_tre ma_jes_ té ne semet_te pas en co_lè _ re
Mais plu_tôt qu'el_le con_si_ dè _ re que je me vas désal_té
Mais plu_tôt qu'el_le con_si_ dè _ re que je me vas désal_té
(en grognant.)
Cresc:

rant Dans le cou_rant plus de vingt pas au des_sous
rant Dans le cou_rant plus de vingt pas au des_sous
mf
mf
f
pp
d'el__le et que par con_sé_quent, En au_
d'el__le et que par con_sé_quent, En au_
_eu_ne fa_çon Je ne puis trou_bler sa bois_son. re_
_eu_ne fa_çon Je ne puis trou_bler sa bois_son. re_
Solo. f re
Tu la trou_bles!
_prit cet_te bê_te cru_ el_le
_prit cet_te bê_te cru_ el_le
_prit cet_te bê_te cru_ el_le
Solo.
Et je sais que de moi tu mé_

Bè ___ comment l'au_rais - je fait si je n'é_tais pas né? Re_prit l'a_
Bè ___
Bè ___
_ dis l'an passé
B.F.
B.F.
B.F.

_gneau; je tette en_cor ma mè _ re. Bè
je tette en cor ma mè _ re. Bè
je tette en cor ma mè _ re. Bè
je tette en cor ma mè _ re. Solo. Si ce n'est toi. C'est donc ton

Bè Je n'en ai point. Bè
Bè Bè Bè
Bè Bè Bè
Bè Bè Bè Cresc:
frère C'est donc quelqu'un des tiens, car vous ne m'é_par_gnez

Bè ___ Bè Bè Bè
Bè ___ Bè Bè Bè
Bè ___ Bè Bè Bè
Bè ___ Bè Bè Bè
guè _ re, Vous, vos ber_gers et vos chiens, on me l'a dit; il

Plus vite. M.M. = 112.
Cresc:
La dessus au fond des forets Le
Bè bè bè bè bè bè bè bè
La des_sus au fond des forets Le
Rall:
Plus vite.
Cresc:
faut que je me ven_ge La des_sus au fond des forets Le
Cresc:
accresc:
loup l'em_porte et puis le man_ge sans au treforme de pro_
bè bè bè bè bè bè bè bè bè bè bè bè
Cresc:
loup l'em_porte et puis le man_ge sans au_trefor_me
Cresc:
loup l'em_porte et puis le man_ge sans au_trefor_me
Rall:
Dim:
_cès sans au_tre for_ _me de pro cès
Rall:
bè bè bè bè
Rall:
Dim:
de pro_cès sans au_tre for_me de pro_ cès
Rall:
Dim:
de pro_cès sans au_tre for_me de pro_ cès

Fragment de *Ruth et Booz*, grande symphonie vocale.

Paroles d'E. Villemin.   Musique de A. Elwart.

5

L'OURAGAN.

Allegro Moderato. Métr. ♩ = 112.
1er TÉNOR.
2e TÉNOR.
BARYTON.
BASSE.
LES PASTEURS.
cresc.
Il souf - fle, il mu - git, il é -
cresc.
Il souf - fle, il mu - git, il é -
cresc.
Il souf - fle, il mu - git, il é -
cresc.
Il souf - fle, il mu - git, il é -
1er TÉNOR.
2e TÉNOR.
BARYTON.
BASSE.
LES ÉLÉMENTS.
Bouche fermée.
fz
Bouche fermée.
fz
Bouche fermée.
Bouche fermée.

FF
Métr. ♩ = 120.
- cla - te, il é - cla - te.
FF
FF
- cla - te, il é - cla - te.
FF
FF
- cla - te, il é - cla - te.
FF
FF
- cla - te, il é - cla - te.
F
FF
F
FF
F
FF
FF très-détaché.

F très-marqué.
Et l'effroi dis-perse les troupeaux,
F
Et l'effroi dis-perse les troupeaux.
F
Et l'effroi dis-perse les troupeaux.
F
Et l'effroi dis-perse les troupeaux,
très-détaché
F
F
F
F

Il é-
Il é-
Il é-
Il é-
F

F
- cla - te, Il é- cla - - - -
F >
F
- cla - te, Il é- cla - - - - -
F
- cla - te, Il é- cla - - - -
F
- cla - te, Il é- cla - - - -

FF
- te,
Ah!
Et la terre et
FF
- te,
Ah!
Et la terre et
FF
- te,
Ah!
Et la terre et
FF
- te,
Ah!
Et la terre et
F
F

l'air,
Et l'air
s'embrase A la torche écar-
l'air,
Et l'air
s'embrase A la torche écar-
l'air,
Et l'air
s'embrase A la torche écar-
l'air,
Et l'air
s'embrase A la torche écar-

- la - - te, Et de la fou - - dre, Et de l'é-
- la - - te, Et de la fou - - dre, Et de l'é-
- la - - te, Et de la fou - - dre, Et de l'é-
- la - - te, Et de la fou - - dre, Et de l'é-

- clair, Et de la fou - - dre, Et de l'é-
- clair, Et de la fou - - dre, Et de l'é-
- clair, Et de la fou - - dre, Et de l'é-
- clair, Et de la fou - - dre, Et de l'é-

clair,
clair,
Et de la foudre et de l'é -
clair,
Et de la foudre et de l'é -
clair.
Et de la foudre et de l'é -
fz
fz
fz
très marqué
F
FF

Et le tor - rent — — gon -
- clair, Et le tor - rent — — gon -
- clair, Et le tor - rent — — gon -
- clair, Et le tor - rent — — gon -

flé, Ru-gissant, Bondis-sant,
flé, Ru-gissant, Bondis-sant,
flé, Ru-gissant, Bondis-sant, Ru gissant, Bondis-
flé, Ru-gissant, Bondis-sant, Ru-gissant. Bondis-

Ravage, emporte, I - - non - -
Ravage, emporte, I - - non - -
- sant, Ravage, emporte, I -
- sant, Ravage, emporte, I -

- de,　Et le ber - cail prospère　Et la
- de,　Et le ber - cail prospère　Et la
- nonde Et le bercail, et le ber - cail prospère　Et la
- nonde Et le bercail, et le ber - cail prospère　Et la
F
F

glè - be fé - con -
glè - be fé - con -
glè - be fé-con - - -
glè - be fé-con - - -

Métr. ♩ = 84.
FF Pressez.
de.
nous.
Dieu d'Isra - ël!
FF
de.
nous.
Dieu d'Isra - ël!
FF
de.
nous.
Dieu d'Isra - ël!
FF
de.
nous.
Dieu d'Isra - ël!
FF
Pressez.
FF
FF

Point d'orgue à la 2e fois.)
Cal-me du ciel le noir cour - roux, Sau - ve -
Cal-me du ciel le noir cour - roux, Sau - ve -
Cal-me du ciel le noir cour - roux, Sau - ve -
Cal-me du ciel le noir cour - roux, Sau - ve -
FF
FF
FF
FF

Métr. ♩ = 84
nous!
nous!
nous!
nous!
Plus lent.
rall.
rall.
rall.
rf
rall.

Soprano 1°. P
L'o - ra -
Soprano 2°. P
L'o - ra -
P
L'o - ra -
P
L'o - ra -
PP
dim.
dim.
dim.

PP
- ge fuit, Le jour luit.
PP
- ge fuit, Le jour luit,
PP
- ge fuit, Le jour luit,
PP
- ge fuit, Le jour luit,
Dolce.
Dolce.
Dolce.
Un peu marqué.

L'o-
L'o-
L'o-
L'o-
PP
PP
PP
Dimin.

PP
- ra - ge fuit, Le jour luit, L'o - ra-
PP
- ra - ge fuit, Le jour luit, L'o - ra-
PP
- ra - ge fuit, Le jour luit, L'o - ra-
PP
- ra - ge fuit, Le jour luit, L'o - ra-

Du 18 au 21 mars 1850.

CONCLUSION

En terminant cet ouvrage, nous ne pouvons qu'engager une dernière fois nos jeunes lecteurs à faire une étude analytique et auditive des plus beaux chœurs qui sont, il est consolant de le dire, à l'ordre du jour des sociétés chorales, joignant la science théorique de la musique au fini d'une excellente exécution. Nous exhortons les émules des maîtres du genre, à faire tous leurs efforts pour obtenir de condisciples obligeants l'audition de leurs compositions chorales. Pour se rendre compte de l'effet d'un chœur, il ne faut pas avoir recours à la bonne volonté d'un grand nombre de chanteurs : quatre bonnes voix, possédées par quatre bons musiciens, aimant l'art pour les pures jouissances qu'il procure et ne faisant pas métier de courir sus à la médaille, suffisent pour les essais des aspirants au titre de compositeur orphéonique.

Si nous avons conseillé précédemment aux poëtes de ne jamais traiter que des sujets dignes et moraux, ce qui n'empêche pas d'aborder le genre comique, que ne devons-nous pas dire aux jeunes compositeurs relativement au choix des poésies qu'ils essaieront de mettre en musique? Évitez donc d'associer la muse mélodique à la muse érotique ou banale d'un écrivain indigne, par son style, de l'honneur que vous lui feriez ; et lorsque vous aurez fait un choix digne d'être embelli par vos accords, prenez garde de tomber dans l'imitation, puérile lorsqu'elle n'est pas grotesque, des bruits insolites de la nature inanimée; et surtout, gardez-vous du trompe-oreille musical, ce digne frère du trompe-l'œil des peintres d'enseignes.

Il n'est pas donné à tout le monde de produire des chefs-d'œuvre; mais les gens de goût ont le droit d'exiger d'un musicien qui exhibe ses œuvres devant eux, qu'il connaisse au moins les règles de son art, et que, à défaut d'élans sublimes, il leur offre au moins des compositions estimables.

Nous avons été justement sévère à l'égard des compositeurs ignorants, qui s'introduisent dans le cénacle choral sans avoir revêtu la robe de la science; mais, avec plus de courage, moins d'amour-propre et le ferme désir de perfectionner leurs dispositions naturelles, nul doute qu'il ne surgisse parmi eux des hommes qui se feront un nom. On n'improvise pas un artiste en quelques semaines; et tout jeune compositeur qui veut arriver à la perfection, doit sans cesse revoir et corriger ses œuvres; car Fayolle (1) l'a dit, il y a bien des années, avec une vérité saisissante :

> Le Temps n'adopte pas ce qu'on a fait sans lui.

Enfin, si la publication de cet *Essai* peut contribuer à donner aux orphéons français quelques bons compositeurs de plus, nous serons heureux de l'avoir entrepris; et notre plus belle récompense sera d'avoir été la cause indirecte du retour des jeunes musiciens vers les études sérieuses et patientes que notre art exige de ses adeptes.

(1) Auteur avec Choron, du *Dictionnaire des Musiciens*, publié à Paris, en 1810, François Fayolle, né à Paris en 1774, y est mort le 2 décembre 1852. C'était un homme d'esprit; conteur aimable, passionné pour l'art musical et surtout pour le violon, son instrument favori.

APPENDICE

LISTE PAR ORDRE CHRONOLOGIQUE DE CÉLÈBRES COMPOSITIONS CHORALES

AVEC OU SANS ACCOMPAGNEMENT,

OFFERTES EN ÉTUDE AUX JEUNES ÉLÈVES.

ÉCOLES ANCIENNES.

§ 1. XVᵉ SIÈCLE.

(2ᵉ moitié.)

Josquin Després. Goudimel. Orlando Lassus. Dufay. Binchois.	Messes, motets, chansons, madrigaux, écrits depuis quatre jusqu'à cinq et six parties, dans la tonalité du plain-chant.

§ 2. XVIᵉ SIÈCLE.

(1ʳᵉ moitié.)

Palestrina. Allegri. Arcadelt.	Même genre de compositions que les précédents, mais avec d'importantes modifications dans le style.

(2ᵉ moitié.)

Carissimi. Morales.	Oratorios à 3, 4 et 5 voix, avec accompagnement de violon et d'orgue. Style sévère et purement vocal.

§ 3. XVIIᵉ SIÈCLE.

LULLY. Opéras ; l'air de Caron, d'*Athys*, dans lequel un ravissant chœur d'ombres est intercalé.

DELALANDE. Musique religieuse ; motets à grands chœurs.

LEISSRING-VOLKOMAR. Cantique nuptial ; cimbalum davidicum à 4, 5, 6 et 8 voix. Tœdae nuptiales, 16 morceaux à 4, 5 et 8 voix ; sténophoniæ, 21 cantiques pour le premier jour de l'an 1628.

§ 4. XVIIIᵉ SIÈCLE.

J.-S. BACH. Oratorios, motets, psaumes ; la *Passion* selon saint Matthieu.

BENEDETTO-MARCELLO. Ses psaumes célèbres.

HAENDEL. Le célèbre *Alleluia*, et tous ses oratorios.

GRUN. Opéras, oratorios, la *Passion*.

RAMEAU (Philippe). Ses opéras d'*Hippolyte et Aricie*, de *Castor et Pollux*, de *Zoroastre ;* ses motets à grands chœurs, etc.

GOSSEC. Ses chœurs patriotiques, son célèbre *Requiem*, les chœurs d'*Athalie*.

HAYDN. La *Création*, les *Saisons ;* messes, motets, litanies, *Stabat* avec accompagnement d'orchestre. Le *Benedictus* de la messe en *si bémol* est un chef-d'œuvre.

MOZART. Opéras, messes, oratorios : (*David pénitent* et la *Prise de Jéricho*), messes, litanies, *Requiem*, le sublime *Ave verum*.

§ 5. XIXᵉ SIÈCLE.

BEETHOVEN. Deux messes : 1 opéra : *Fidelio*. 1 oratorio : le *Christ au mont des Oliviers*.

SCHNEIDER. Le *Jugement dernier*, oratorio.

LE SUEUR. Messes solennelles, oratorios de *Débora*, de *Ruth et Noémi*, de Noël (messe de minuit), 3 *Te Deum*, dont le premier, en *si bémol*, a été composé pour célébrer la victoire d'Austerlitz ; musique du sacre de Charles X, dans laquelle on remarque l'hymne à sainte Geneviève, la patronne de Paris (*Urbs beata*). L'hymne au soleil, de *Paul et Virginie*, drame lyrique ; les chœurs d'hommes de la *Caverne*, drame lyrique ; les chœurs des grands opéras des *Bardes* et de la *Mort d'Adam*.

CHERUBINI. La messe à 3 voix en *fa ;* celle du sacre de Charles X ; le grand *Requiem* composé pour le service du roi-martyr, en 1816 ; le second *Requiem* à 3 voix d'hommes et orchestre ; les opéras-comiques des *Deux Journées*, d'*Elisa* ou le *Mont Saint-Bernard*, de *Lodoïska ; Blanche de Provence*, opéra de circonstance ; dont le chœur : *Dors, noble enfant*, est ravissant (1820).

MÉHUL. *Joseph*, drame biblique ; la célèbre prière ; *Uthal*, opéra romantique.

RODOLPHE KREUTZER. *Lodoïska*, opéra-comique ; la *Mort d'Abel*, grand opéra.

BOIELDIEU. Les opéras-comiques *Beniowski* et la *Dame blanche ; Pharamond*, grand opéra de circonstance pour l'avénement de Charles X.

AUBER. La *Muette*, la prière sans accompagnement du 2ᵉ acte, l'*Enfant prodigue*, grands opéras ; *Fra Diavolo, Lestocq*, les *Diamants de la Couronne, Haydée*, opéras-comiques.

C. M. DE WEBER. Les chœurs de ses opéras allemands ; *Preciosa, Freyschütz, Obéron, Eurianthe ;* ses messes, au nombre de deux ; ses célèbres chœurs patriotiques (1813), édition allemande.

G. MEYERBEER. Le *Crociato*, opéra italien ; *Marguerite d'Anjou, Robert*, les *Huguenots*, le *Prophète* et l'*Africaine ;* l'*Étoile du Nord*, le *Pardon de Ploërmel*, opéras-comiques ; ses Lieders, etc.

OTTO-NICOLAÏ. *Il Templario*, opéra italien ; les *Joyeuses commères de Windsor*, opéra-comique, etc.

MARCHNER. La *Fiancée du Brigand*, opéra allemand ; ses nombreux Lieders.

RICHARD WAGNER. Les *Apôtres*, belle scène biblique pour voix d'hommes (édition allemande) ; les chœurs de ses opéras : *Iseult, Longherin, Tannhauser*.

G. ROSSINI. Tous ses opéras séria et buffa du répertoire italien ; tous ses opéras français ; son *Stabat ;* la *Charité*, chœur à 3 voix de femmes.

CARAFA. Le *Solitaire*, la *Prison d'Édimbourg*, la *Violette*, opéras-comiques ; et tout le répertoire italien de ce compositeur populaire.

F. HÉROLD. L'*Illusion*, opéra-comique en un acte (chœur caché dans les coulisses), et tous ses autres opéras célèbres.

F. HALÉVY. La *Tentation*, ballet avec chœurs, et tout son répertoire de l'Opéra-Comique et du Grand Opéra ; *Jaguarita*, drame donné au Théâtre-Lyrique ; chœurs orphéoniques, parmi lesquels on remarque la *Nouvelle alliance*, composé pour le festival de Londres, en 1860.

AD. ADAM. Le *Brasseur de Preston*, le *Postillon de Longjumeau*, opéras-comiques ; 2 messes ; un grand nombre de chœurs orphéoniques, dont celui des *Enfants de Paris* est le plus célèbre.

ALBERT GRISAR. *Sarah*, opéra-comique en deux actes ; (le chœur des soldats écossais, populaire dans l'orphéon français).

AMB. THOMAS. Chœurs de *Psyché*, opéra-comique en trois actes ; messe de *Requiem* et messe solennelle de Sainte-Cécile. On remarque dans le répertoire orphéonique de ce compositeur : le *Carnaval de Rome*, le *Tyrol*, l'*Atlantique*, grandes scènes chorales, le *Salut aux chanteurs*,

composé pour le festival de Paris (1859), *France! France!* composé
pour le festival de Londres (1860), etc.

L. Clapisson. Le *Code noir*, la *Fanchonnette*, la *Promise*, opéras-comiques ;
le *Vieux Paris*, recueil de chœurs à 4 voix d'hommes. Dans le répertoire choral de ce compositeur on remarque : la *Parole de Dieu, Paris*,
les *Chants de nos pères* (mosaïque chorale), la *Puissance de sainte
Cécile*, etc,

Xavier Boisselot. *Ne touchez pas à la Reine* et *Mosquita*, opéras-comiques,
dans le premier desquels on remarquera le chœur du *Connétable de
Bourbon*, chanté par tous les orphéonistes français.

Aimé Maillart. Chœurs de *Castibelza*, des *Dragons de Villars* et de *Lara*,
opéras-comiques.

Victor Massé. Chœurs de *Galathée*, des *Saisons*, de *Fior d'Alisa* et du *Fils
du Brigadier*, opéras-comiques.

Barthe. La *Fiancée d'Abydos*, opéra ; Chœur de la nuit.

Limnander. Les *Monténégrins*, opéra-comique ; un grand nombre de chœurs
orphéoniques, parmi lesquels celui des *Contrebandiers* est célèbre dans
les sociétés chorales belges et françaises.

Félicien David. Le *Désert, Christophe Colomb*, odes-symphonies ; la *Perle
du Brésil*, drame lyrique ; *Herculanum*, grand opéra ; *Lalla-Rouck*,
opéra-comique ; un grand nombre de chœurs sans accompagnement,
parmi lesquels on remarque la *Sérénade* (solo de ténor avec chœur), etc.

Théodore de Lajarte. Le *Secret de l'oncle Vincent*, le *Duel du Comman-
deur, Mam'zelle Pénélope*, opéras-comiques, et le *Neveu de Gulliver*,
opéra-ballet, représentés au Théâtre-Lyrique impérial de 1855 à 1861.

Samuel David. Les *Génies de la terre*, grand chœur, 1er prix du concours
de 1859.

Ch. Gounod. *Faust*, opéra ; le chœur des soldats ; plusieurs messes orphéoniques et autres ; *Fables* de La Fontaine, chœurs de tous genres, etc.

Fr. Bazin. La *Saint-Sylvestre*, opéra-comique ; le *Voyage en Chine*, id. ;
chœur des matelots (au 3e acte) ; messe d'orphéon ; beaucoup de chœurs
sans accompagnement, parmi lesquels les *Soldats de Pilate, Attila
devant Rome*, le *Départ des Apôtres*, et les *Noces de Cana*, méritent une
mention particulière.

A. Gevaert. Le *Billet de Marguerite, Quentin Durward*, le *Capitaine Henriot*,
opéras-comiques ; les *Chants de Saül, Madrid*, chœurs orphéoniques, etc.

Laurent de Rillé. Parmi les chœurs nombreux que ce compositeur a
écrits, on remarque la *Noce de village*, la *Retraite*, la *Saint-Hubert*, les
Buveurs, Après la bataille, les *Enfants de la Brie*, les *Martyrs aux arènes*,
le *Soir*, le *Matin*, la *Révolte à Memphis*, le *Chant des travailleurs ;*
messes d'orphéons, motets, cantiques, etc.

G. KASTNER. Les *Chants de la vie*, cycle choral ; les *Chants de l'armée française ;* les livres-partitions : la *Danse des morts*, les *Sirènes*, les *Cris de Paris*, la *Parémiologie musicale de la langue française*, etc. L'auteur termine ces différents ouvrages par une composition lyrique, dans laquelle le sujet de chacun d'eux est mis en scène avec solos, chœurs et orchestre. Un grand nombre de chœurs chantés dans les différents concours orphéoniques, etc.

A. ELWART. 3 messes d'orphéons, à 4 voix d'hommes, dont deux ont des indications d'entrées de sopranos pour les sociétés chorales mixtes, avec accompagnement d'orgue *ad libitum ;* une messe à deux sopranos et orgue ; *idem* à 3 voix inégales, avec orgue ; *idem* solennelle à 5 voix, avec orchestre ; le *Concert choral :* 12 chœurs à 3 et 4 voix d'hommes ; *Mosaïque chorale :* 12 chœurs à 3 et 4 voix d'hommes (arrangés d'après les opéras les plus célèbres) ; *Noël* d'Adam, arrangé avec accompagnement d'un chœur d'hommes à 4 parties ; un grand nombre de *Fables* de La Fontaine à 3 et 4 voix d'hommes ; les *Heures de l'enfance*, recueil de chœurs à 3 et 4 voix, à l'usage des jeunes sujets des deux sexes ; le *Salut impérial*, à 4 voix inégales et à 4 voix d'hommes, exécuté le **31** décembre **1856**, devant Leurs Majestés Impériales à l'aubade des Tuileries, par 500 soldats de la garnison ; le *Pouvoir de l'harmonie*, cantate pour soprano solo, chœur de sopranos à trois parties et accompagnement de piano et d'harmonium ; plusieurs *Pie Jesu* exécutés aux funérailles de Casimir Delavigne, Charles Nodier, Bertin de Vaux, Henri Mürger (inauguration de son monument au cimetière du Nord), Eugène Scribe (anniversaire de sa mort), Léon Gozlan ; *Bichat*, scène chorale exécutée, en **1857**, à l'École de médecine le jour de l'inauguration de sa statue ; l'*Hymne à la beauté*, cantate chorale exécutée, en **1865**, à Boulogne-sur-Mer, le jour de l'inauguration de la statue de Jenner, l'inventeur de la vaccine ; 24 airs nationaux arrangés à **2**, 3 et 4 voix pour le *Lutrin et l'Orphéon*, ouvrage à l'usage des orphéonistes de la ville et de la campagne ; les *Catalans*, grand-opéra en deux actes, représenté sur le Théâtre-des-Arts de Rouen, en février **1840** ; *Noé*, oratorio exécuté à la salle Herz, le Vendredi-Saint de l'année **1845** ; la *Naissance d'Ève*, oratorio exécuté au Conservatoire en **1847** ; les *Noces de Cana*, mystère en un acte, exécuté au Grand-Théâtre de Lyon en **1858**, au concert spirituel donné par M. Sain-d'Arod, le Vendredi-Saint ; *Ruth et Booz*, symphonie chorale sans accompagnement, exécuté le **11** juillet **1850** à l'amphithéâtre de l'École de Médecine, par la Société chorale d'Émile Chevé.

FRÉDÉRIC VIRET. L'*Égypte*, ode-symphonie à 4 voix d'hommes ou de femmes *ad libitum*.

Ernest Reyer. Le *Sélam*, ode-symphonie ; *Maître Wolffrang*, la *Statue*, *Erostrate*, opéras ; chœurs orphéoniques.

ÉCOLE CHORALE ALLEMANDE.

Félix Mendelsshon-Bartholdy. Ses célèbres Lieders, traduits par M. Gustave Choquet ; sa symphonie-cantate ; les chœurs du *Val Purgis*, d'une *Nuit de Saba*, du *Songe d'une nuit d'été*, de *Paulus*, d'*Élias*, oratorios.

Conradin Kreutzer. Le *Jour du Seigneur*, chœur orphéonique ; la *Famille suisse*, opéra allemand.

Kücken. Le *Signalement*, le *Conscrit*, *Dans la Forêt* et tous ses autres Lieders populaires en Allemagne, en Belgique et en France.

Jacques Rosenhain. *Luweuna*, opéra en trois actes ; la *Visite à Reldam* opéra en un acte ; le *Démon de la nuit*, opéra en deux actes avec chœurs. 3 cahiers de Lieders.

Damcke. Messe solennelle à 4 voix, soli et chœur ; motets à 4 voix, soli et chœur ; chansons populaires ; Six Lieders, etc.

F. Riga. *Au fond du verre*, et tout son répertoire choral.

Albert Sowinski. *Saint Adalbert*, oratorio ; *Chants polonais*, chœur, etc.

Abt. Ses Lieders pour voix d'hommes.

Otto. Même genre de composition chorale.

ÉCOLE CHORALE BELGE.

Charles Hanssens. L'*Hymne du matin*, l'*Hymne de la Nuit*, et tout le répertoire choral de cet artiste distingué.

Etienne Soubre. La *Branche d'amandier*, *Avant la bataille*, et toutes les productions chorales de ce fécond et mélodieux compositeur.

Denefve. Cantate exécutée le jour de l'inauguration de la statue d'Orlando Lassus, par six cents chanteurs ; œuvre magistrale, qui obtint un éclatant succès. Le répertoire choral de ce compositeur, populaire en Belgique, est très-varié.

J.-B. Katto. *Minuit*, et tout le répertoire choral de cet artiste.

Pierre Benoit. Un grand nombre de chœurs pour voix d'hommes, parmi lesquels nous citerons un *Ave Maria* à 8 voix divisées en deux chœurs, qui a été exécuté avec un grand succès dans la cathédrale de Berlin, en 1858.

Van Acker. *En avant!* la *Patrouille*, et tout le répertoire populaire de cet artiste.

Ch. Bosselet. *Pêcheurs napolitains*, le *Retour au village*, pas redoublé chanté.

J.-B. Vanvolxem. Les *Gueux de mer*.

L. Jouvet. Le *Lever*.

F. Lintermans. Le *Réveil*, la *Guirlande*.

Complétons ces documents, en y ajoutant les noms des compositeurs, et la liste des chœurs qu'ils ont spécialement écrits pour les principaux concours orphéoniques les plus récents ouverts en France.

A

Armingaud. Les *Soudards*, le *Bardit*, *Cantique à Marie*.

B

Barrière (José). Les *Papetiers*, 1re médaille d'or remportée au concours ouvert à Angoulême en 1857.

Bazin (François). *Attila devant Rome*, les *Apôtres*, les *Soldats de Pilate*.

Besozzi. *Veni Creator*. 1er prix au concours ouvert en 1859. Ce chœur a été exécuté, la même année, au grand festival du Palais de l'industrie, et en 1860, aux trois festivals orphéoniques français qui ont eu lieu à Londres.

Benoît (Pierre). Les *Proscrits*, grand chœur exécuté avec succès au concours d'honneur de Cambrai en 1865.

Blanc (Adolphe). Le *Réveil de la nature*, concours de Clermont-sur-Oise.

Boieldieu fils (Adrien). Les *Naufragés*, concours de Bayonne (1865).

Boulanger (Ernest). *La grande Revue*, concours d'Epernay (1866); la *Goutte d'eau*, concours international (1867).

Bouleau-Neldy. *En avant, marche!* 1er prix du concours ouvert à Paris par l'*Union musicale*, et la *Rédemption;* 2e prix au concours de la Société de Sainte-Cécile de Bordeaux.

C

Carlez (Auguste). Quadrille choral, à six voix avec orchestre, Caen (1865); chœurs, etc.

Chaine. Messe brève, exécutée par les orphéonistes du Havre, Charleville et Poitiers.

Charlot. La *Vapeur* et la *Création*, chœurs couronnés par la Commission de chant du département de la Seine.

Clapisson (Louis). *Paris*, concours de Trouville (1865).

Clémenceau de Saint-Jullien (Alfred). Le *Combat naval.*

Cohen (Jules). Les chœurs de *Maître Claude* et de *José Maria*, opéras-comiques ; ceux d'*Athalie*, d'*Esther* et de *Psyché*, tragédies.

Colin (Charles). Messe d'orphéon à voix d'hommes, avec soli et accompagnement de musique militaire, exécuté à Notre-Dame en 1867 ; *Embarque matelot*, concours de Puteaux (1861) ; les *Forgerons*, concours de la Réole (1864).

Comettant (Oscar). Le *Rendez-vous de chasse*, concours de Montauban (1862).

D

Dancla (Charles). Le *Vengeur*, chœur à 4 voix d'hommes, médaille d'or au concours du Ministère de l'instruction publique (1847) ; *Hymne à l'agriculture*, à 4 voix d'hommes, médaille d'or au concours de Valenciennes ; la *Résurrection de Jésus-Christ*, hymne à 4 voix d'hommes, médaille d'or au concours de la Société du progrès artistique de Paris.

Danhauser. Le *Retour des pêcheurs*, concours de Blois (1858).

Daniel Salvador. Les *Enfants de l'Algérie*, concours de Boulogne-sur-Seine (1865).

Dautresme. Le *Baptême*, concours de Rouen (1862).

D'Aoust (Jules, marquis). Chœur des Houilliers (Belgique). Les *Champs*, avec voix d'hommes et de femmes (France).

Dard-Janin. Les *Voix du soir*, concours de Saint-Étienne (22 juillet 1862).

David (Félicien). Le *Chant du soir*, solo de ténor avec accompagnement d'un chœur de voix d'hommes.

David (Samuel). Les *Génies de la terre*, 1er prix au concours de Paris (1859).

Deffès (Louis). Le *Retour du drapeau*, concours de Toulouse (1865).

Delibes (Leo). La *Nuit de Noël* (Lizieux 1859) ; *Pastorale* (Vincennes 1865) ; les *Lansquenets*, concours de Boulogne-sur-Seine (1866) ; les *Chants Lorrains* (Nancy 1866).

Devos (Camille). La *Tombe et la rose*, concours de Château-Thierry (1860). la *Paix*, concours de Limoges (1862).

D'Indy (le comte). Chœurs pour voix d'hommes.

D'Ingrande (Edmond). *Tout l'univers est plein de sa magnificence*, concours de Meaux (1858).

Duvernoy (Henri). La *Montagne*, concours de Pontoise (1867).

E

Elwart (Antoine). *Gloire à l'épée, honneur à la charrue!* concours de Bar-le-Duc (1864) ; l'*Hymne à la nuit*, concours de Corbeil (1861) ; le *Loup et l'agneau*, concours de Mantes (1864).

Ermel. Le *5 mai de Béranger*, chœur à quatre voix d'hommes.

G

Gastinel (Léon). Les *Cyclopes*, concours de Rouen (1863).

Groot (A. de). Le *Rhône*, concours de Rouen (1863).

Gautier (Léon). Le *Rossignol et le prince*, fable de Florian, concours de Bordeaux (1865).

Gevaert (A.). Les *Moissonneurs*, concours d'honneur de Cambrai (1865).

Gounod (Charles). Tous ses opéras; les chœurs d'*Ulysse*, tragédie; ses fables, parmi lesquelles la *Cigale et la Fourmi* est populaire; ses messes solennelles et d'orphéon, etc.

Guilmant (Alexandre). *Te Deum*, à quatre voix et orchestre ou orgue, à l'occasion de la naissance du Prince Impérial.

Guimet (Emile). Le *Conscrit* (à Saint-Étienne); l'*Hymne à la musique* (à Trévoux); la *Saint-Jean* (à Belleville); les *Enfants de Neuville* (à Mâcon); le *Canton de Neuville* (à Lyon); les *Faucheurs* (à Mâcon); *Honneur à l'Empereur*, cantate; les *Neuvilloises*, recueil de chœurs pour voix d'hommes.

H

Hartog (Edouard de). La *Paix*, chant de mai, sérénade, chœur à 4 voix d'hommes. (Amsterdam et Paris.)

Hignard. Six chœurs pour voix de femmes, et dix chœurs pour voix d'hommes; *Othaïti*, marche mongole deux chœurs pour hommes et femmes, avec orchestre.

J

Jarte (Théodore de la). Les *Compagnons*, concours de Saint-Cloud (1866).

Jeanmougin. Le *Pontonnier*, festival de Rouffach (24 août 1862); le *Chant des laboureurs*, (Wissenbourg, 2 octobre 1864).

Jonas (Emile). Les *Enfants de la France*, chœur à trois voix d'hommes; recueil de chants hébraïques anciens et nouveaux; les *Luttes triomphales*, avec accompagnement de saxhorns.

Joncières (Victorin). Les chœurs d'hommes de *Sardanapale*.

K

Kastner (Georges). *Départ et retour*, chœur imposé au concours d'Amiens (1864).

Kreutzer (Léon). *Christophe Colomb*, concours de Rouen (1863).

Kunck (Aloys). *Hymne à l'Eternel*, concours d'Auch (1863).

L

Lacombe (Louis). *Cimbres et Teutons*, grand chœur avec musique militaire, festival de Paris (1859), festival de Londres (1860).

Laurent de Rillé. Les *Martyrs aux arènes*, concours de Nîmes (1860).

Laurent (d'Agen). Le *Naufrage*, concours d'Agen (1863); les *Muletiers d'Espagne*, concours d'Amiens (1864).

Lavaine (Ferdinand). Le *Réveil*, concours de la division étrangère, ouvert à Tourcoing (1863).

Larsonneur (Charles). Les *Murmures du soir*, concours de Tourcoing (1863).

Liebe. L'*Harmonie*, grande scène chorale, festival de Mulhouse (1860); *Salut aux chanteurs*, festival de Strasbourg (1863).

Limagne. *Charles Martel*, concours de Falaise (1864).

L'Hote (Albert). *Matelots au départ*, le *Départ des Conscrits*, Paris (1864).

Le Prévost (Alexandre). Cantate à 4 voix d'hommes, avec accompagnement de saxhorns; médaille d'honneur décernée par l'Orphéon de France; Hymne à l'*Immortalité*, à 4 voix.

Limnander. Les *Contrebandiers*, concours de Meaux (1858).

Lyppmann (A.). Les *Matelots sur la mer*, *Respect à la vieillesse*, *Alleluia*, le *Tirage au sort*, la *Vapeur*, chœurs exécutés en Alsace.

M

Manry (Charles). *Chasse aux loups*, concours de Saint-Germain-en-Laye et de Caen (1858) ; le *Chant de l'atelier*, concours de Versailles (1861).

Membrée (Edmond). *Embarque, matelots*, Paris (1863).

Méreaux (Amédée). La *Veille de la bataille* et les *Blés*, concours de Rouen (1863).

Monestier. La *Gaule romaine*, concours de Saint-Denis (2 mai 1864).

Minard. *Hymne au soleil*, *Providence des champs*.

Mutel (Alfred). Le *Credo des quatre saisons*.

Mermet (A.). *Montjoie et Saint-Denis*, chœur de *Roland à Roncevaux*.

N

Nicon-Choron. *Ma mère*, chœur à 4 voix, médaille d'or de 600 francs au concours ouvert en 1847 par le ministre de l'instruction publique.

O

Œchsner. *Chant du crépuscule*, sérénade. Mention honorable au concours ouvert en 1861, par l'Association des sociétés chorales de la Seine.

P

Polignac (le prince Edmond de). *Où est le bonheur?* le *Myosotis*, *Respect à la vieillesse*, la 1ʳᵉ médaille d'or a été obtenue par ces trois chœurs, au concours de la ville de Paris, en 1865.

Peny. L'*Amour de la France*, concours de Meaux (1865).

Poise (Ferdinand). La *Saint-Valentin*, concours de Nîmes (1860).

Poisot (Charles). *Hymne au travail*, pour l'orphéon municipal du département de la Seine.

Prévost-Rousseau. *Ode à la bienfaisance*, la *Ferme*, symphonie rustique en trois parties, avec solo de soprano, de ténor, de basse et d'un chœur d'hommes à quatre parties.

Placet (Auguste). Les *Francs-Archers*, grande scène chorale.

R

Reyer (Ernest). L'*Hymne du Rhin*, grande scène avec solo et chœur.

Roubin (de). Les *Pêcheurs vénitiens*, concours de Pacy-sur-Eure (1865).

Ruffier. *Dors, mon bel enfant!* chœur à 4 voix d'hommes, concours de Besançon (1850).

S

Salomon (Hector). *O belle imposante nature!* concours de Lisieux (1856).

Salomé. *Prière à Marie*, chœur couronné par la Commission de chant du département de la Seine.

Saintis (de Montauban). Les *Paysans*, concours de Rouen (1863).

Scard (A.). L'*Hymne à la charité*, le *Départ des Conscrits*, la *Moisson*, l'*Été*, le *Retour*, etc.

Silva (Pol de). *Dieu le veut!* les *Tirailleurs*, *Nous te chantons*, *O nuit!* la *Chasse aux lions*, chœurs à quatre voix.

Simiot (André). La *Chasse passe*, concours de Mâcon (1861).

Sounier (Julia). Les *Tonnelliers*, chœur à quatre voix égales. Angoulême (1864).

Strohl (E.) *Enfants de la France*, concours de Cambrai (1851); *Am abend*, festival de Colmar (1858); le *Soir d'été*, concours de lecture à première vue, Strasbourg (1863).

T

Thys (Alphonse). *Chant de guerre*, les *Plaisirs de la chasse*, Andante de la symphonie en *la* de Beethoven, arrangé en chœur.

Tingry (Célestin). *Aubade*, concours de Lille (1862).

Thomas (Ambroise). Le *Tyrol*, grande scène chorale, concours de Lille (1863); le *Carnaval romain*, concours d'Arras (1864).

V

Valenti (Avelino). Le *Rat de ville et le rat des champs*, chœur à trois voix de soprano, concours de Lagny (1865).

Vialon (Antoine). La *Fournaise*, concours de Saint-Etienne (1862).

VERRIMST. Les *Filleuls de Marie*, chœur à 3 voix égales, couronné au concours du département de la Seine en 1866 ; la *Vapeur* et le *Tirage au
sort*, chœurs à 4 voix d'hommes.
WEKERLIN (J.-B.). Le *Rhin allemand*, les *Frères d'armes*, chœurs ; l'*Inde*, ode
symphonique, etc.

NOTA. — Tous les ouvrages indiqués dans l'Appendice et sur la liste alpha-
bétique, se trouvent à la bibliothèque du Conservatoire impérial de musique
et de déclamation, 15, rue du Faubourg-Poissonnière, à Paris. Cette bibliothèque, l'une des plus riches et des plus complètes de l'Europe, est ouverte
au public tous les jours non fériés, de 10 heures du matin à 3 heures du soir.

OUVRAGES DIDACTIQUES

MESSES, FABLES, SYMPHONIES CHORALES

A L'USAGE DES SOCIÉTÉS ORPHÉONIQUES

A VOIX SEULES, A VOIX ÉGALES ET A VOIX INÉGALES

DE M. A. ELWART.

1838. Les *Heures de l'enfance*, recueil de 21 chœurs à trois et quatre voix d'enfants, précédé d'un Traité de l'art de chanter en chœur, à l'usage des jeunes sujets des sexes. Paris, chez Renaud, 1, rue Mézières.

1864. *Lutrin et Orphéon*, grammaire musicale dans laquelle le plainchant et la musique sont appris en chantant des chœurs; à l'usage des maîtres d'école de villages; enrichie d'airs français arrangés à 2, 3 et 4 voix égales, suivie du *Rat et le lion*, du *Laboureur et ses enfants* et du *Petit poisson et le pécheur*, fables de La Fontaine mises en musique à 3 voix et terminées par trois chœurs composés à 4 voix. La *Moisson*, l'*Affût et la Pêche*, poésie de Marie Ravenel, meunière du département de la Manche. — Paris, chez E. Gérard, 12, boulevard des Capucines.

1867. *Essai sur la composition chorale.* Chez Léon Escudier, 21, rue de Choiseul.

1842. *Messe* à 2 voix de soprano, avec accompagnement de piano et d'orgue. Chez Renaud, 1, rue Mézières.

1846. 1re *messe* à 4 voix d'hommes avec soli, accompagnement *ad libitum*. Même maison.

1837. *Messe* à trois voix inégales, avec orgue. Même maison.

1852. *Pas d'orchestre!* opérette chorale, sans accompagnement. (Sous presse.)

1854. *Hymne de Sainte-Cécile.* Grande partition.

1855. *Messe de Sainte-Cécile.* Ces deux œuvres importantes ont été successivement couronnées au Concours de composition ouvert à Bordeaux, par la Société de Sainte-Cécile de cette ville, en 1854 et 1855.

1859. 2e *messe* à 4 voix d'hommes avec des indications d'entrées de soprano pour les Sociétés chorales-mixtes, accompagnement d'orgue *ad libitum*. Chez Gambogi frères, 112, rue de Richelieu.

1867. 3e *messe* du même genre que la précédente. Chez Lafleur aîné, 2, boulevard Bonne-Nouvelle.

1860. *Mosaïque chorale*, douze chœurs à 4 voix d'hommes, formée de fables de La Fontaine et d'autres sujets variés. Même maison.

1861. Le *Concert choral*, douze chœurs à 4 voix d'hommes, arrangés avec des paroles nouvelles sur des motifs d'opéras célèbres. Chez Joly, rue Bonaparte, 3.

1862. Le *Départ pour l'Italie,* les *Chrétiens dans le cirque* (légende romaine), le *Lion mourant,* les *Deux amis,* le *Renard et le bouc,* fables de Lafontaine. Chez Gambogi frères.

1863. Le *Renard et le corbeau,* fable. Chez Flaxland, 4, place de la Madeleine.

1857. *Salut impérial, God Save français,* à 4 voix inégales ; à 4 voix d'hommes ; à voix seule, avec accompagnement de piano ou de musique militaire. Chez G. Brandus et S. Dufour, 103, rue de Richelieu.

1861. Le *Pouvoir de l'harmonie,* cantate pour soprano seul avec accompagnement d'un chœur de trois soprano, d'orgue et d'harmonium. Même maison.

1860. *Pie Jesu,* à 3 voix d'hommes avec orgue *ad libitum,* exécuté aux obsèques de Henri Mürger. Au bureau du *Figaro.*

1866. *Idem,* à celles de Léon Gozlan. Chez Lebeau aîné, 274, rue St-Honoré.

— *Idem,* au bout de l'an d'Eugène Scribe. Chez l'auteur, 43, rue Laffitte.

1867. Œuvres musicales choisies de l'auteur, publiées en six livraisons, par la maison G. Brandus et S. Dufour. La première livraison, formée de 54 mélodies pour chant et piano et de la cantate le *Pouvoir de l'Harmonie,* a paru en avril dernier. Les autres seront publiées de trois mois en trois mois.

Nota. Les parties séparées de la plupart de ces morceaux sont gravées.

SOUSCRIPTION AUX ŒUVRES MUSICALES CHOISIES

De A. ELWART

Publiées à Paris, chez G. BRANDUS et S. DUFOUR.

Cette importante publication, à laquelle Sa Majesté l'Empereur a daigné souscrire ainsi qu'un grand nombre d'artistes et d'amateurs distingués, sera formée de six livraisons du prix de 25 fr., chacune, payable contre la remise de l'exemplaire.

La première livraison, contenant 54 mélodies pour chant et piano et le *Pouvoir de l'Harmonie*, cantate pour soprano avec chœur à trois voix de sopranos, piano et harmonium, est en vente depuis le 1er avril 1867.

Les mélodies se vendent séparément 1 fr. 50, et la *cantate*, 3 fr. net.

Les cinq autres livraisons, qui paraîtront de trois mois en trois mois, contiendront :

La 2e, quatre quatuors pour violons, alto et violoncelle, dont un avec piano (petites partitions) ;

La 3e, l'*Hymne de Sainte-Cécile*, grande partition, soli, chœurs, orchestre, orgues, avec réduction au piano. Cette composition a remporté le premier prix au Concours ouvert à Bordeaux en 1854, par la Société de Sainte-Cécile de cette ville ; plus, quatre mélodies pour chant et piano et l'*Enlèvement de Ganymède*, scène antique pour clarinette ou violoncelle, solos avec accompagnement de piano ;

La 4e, les *Noces de Cana*, mystère en un acte, grande partition, soli, chœurs avec réduction pour le piano ;

La 5e, trois grandes scènes pour les Sociétés chorales d'excellence : le *Temple de Gnyde*, les *Romains dans les Gaules* et un *Veni Creator* avec orgue ; *Pas d'orchestre !* opérette chorale, sans accompagnement, avec solos et chœurs ;

La 6e et dernière livraison comprend : la *Messe de Sainte-Cécile*, couronnée à Bordeaux en 1855 ; soli, chœurs et réduction au piano de la partition; plus, trois trios pour violon, alto et violoncelle, dont un pour deux, violons et alto.

Les souscripteurs aux six livraisons recevront en primes, avec la dernière : le *Chanteur-accompagnateur* (1844), méthode de clavier et d'harmonie, à l'usage des artistes lyriques, et l'*Harmonie musicale*, poëme didactique en quatre chants (1853). Paris, chez Amyot, rue de la Paix; 2ᵉ édition, revue et corrigée (1867).

TABLE DES MATIÈRES.

École chorale allemande.

École chorale belge.

École chorale française.

PARIS. IMPRIMERIE DIVRY ET Cᵉ, RUE NOTRE-DAME DES CHAMPS.